Al lettore :

LA CATTIVA SIGNORA è un romanzo breve che ripercorre

i passi della protagonista fino alle soglie di un delirio.

Jessica, innamorata di se stessa, accattivante, si propone seducente e

seduttrice oltre ogni limite...

ma è anche moglie e madre e riesce a convivere con le sue due identità

portando avanti un gioco che la vede assolutamente incurante dell'animo

altrui.

Il mondo che la circonda rappresenta lo specchio in cui riflettersi e

l'immagine che le rimanda è il cibo di cui famelicamente si nutre la sua

patologia narcisistica.

Una frustrazione insostenibile la condurrà sul territorio dello stalking...

In copertina : "GETAWAY" olio su tela di Alessandra Anzini

Grafica curata da Alessio Procaccini

Attonito fissa sé stesso e senza riuscire a staccarne gli occhi

rimane impietrito come una statua scolpita in marmo di Paro.

Disteso a terra, contempla quelle due stelle che sono i suoi occhi,

i capelli degni di Bacco, degni persino di Apollo,

e le guance lisce, il collo d'avorio, la bellezza

della bocca, il rosa soffuso sul niveo candore,

e tutto quanto ammira è ciò che rende lui meraviglioso.

Desidera, ignorandolo, sé stesso, amante e oggetto amato,

mentre brama, si brama, e insieme accende ed arde.

Ovidio, "Le metamorfosi"

Se guardo le mie gambe nude, se ci faccio caso, se le palpo per sentirne la consistenza, come adesso che le sto toccando accarezzandole, come adesso che sento ancora un leggero tremore scendermi fino alle caviglie, non sono certa di poter dire che mi piacciano. Questa incertezza si trasforma subdolamente in dubbio e, da lì, dilaga fino a relegarmi in una insicurezza ostinata, ben decisa dunque a non abbandonarmi.

Cosce leggere, lunghe, ginocchia acute, polpacci appena segnati dal lavoro in palestra, depilazione eccellente…potrei apprezzarle, in fondo. Invece non capisco se al tatto, se e come, una mano di un maschio riuscirebbe mai ad interpretarle come io vorrei, o credo di volere, senza che fossi io stessa a dar loro un ruolo rilevante nell'amplesso usandole per trattenere, per avvinghiare, per legare.

Il ventre piatto, il seno appena accennato, tutta la mia magrezza, al contrario, scivola bene dentro un vestito e mi esalta tra le persone, quando cammino priva di peso per le strade mostrando lunghi capelli sciolti, consapevole della mia altezza, ben coadiuvata da un passo oleoso, sembrando sicura di me stessa, ma domandandomi sempre quanto la mia figura possa passare inosservata in quella che considero la vetrina della mia vita.

Mi è di aiuto, quindi, l'allusione ad un sorriso di cui vesto le labbra, che può apparire talvolta un invito, altre volte un umido commiato ma che sempre sembra sussurrare qualcosa che assomigli ad un "…buongiorno amore…" semplicemente gettato nell'aria come fosse polline.

Sono stanca, scarica.

Sono snervata, sazia.

Non so capire se mi vada bene o male.

So che vado avanti come d'abitudine, frullata come stoffa nel cestello di una lavatrice continuo a compiere giri, rivoluzioni, sempre più veloci, sempre più in fretta, lottando con il tempo, gli anni, i giorni, perfino i minuti, mentendo, nascondendo, ingannando, tutto per non trovarmi faccia a faccia con la quiete per non sentirmi un panno strizzato ma un corpo riempito.

Per vincere la noia.

La noia è anche il respiro di quel corpaccione che mi sta dormendo accanto. La noia è l'odore non più insolito, poi quel risolino fesso alla fine dell'amore e le mani, le mani troppo conosciute. Quattro, cinque incontri e tutto si è consumato.

Decisamente.

Mi eccitavo di più quando ci giocavo al gatto e il topo, oggi quando l'ho visto scendere dalla macchina ho avuto l'impulso di andarmene e, mi conosco bene ormai, questo vuol dire che mi devo occupare d'altro, di altri.

Sono stupida, proprio stupida, certe volte: lo so bene che 'sti tipi ansimano finchè non gliela dai e già dopo, diciamo, la seconda volta, ti guardano con altri occhi, quegli occhi che poi, a dirla tutta non mi eccitano già più. Anche se si sforzano di farti venire due o tre volte, gli manca la bava, non trasudano quel desiderio. Questo sfigato qui, oggi, per esempio, quando mi sono spogliata c'è mancato poco che non mi guardasse…e se l'avesse fatto perché in fondo, in fondo non gli piaccio mica tanto?

Devo andare.

E' inutile stare qui. Inutile riflettere su certe cose.

Devo andare, alzarmi ed uscire.

Tornare a casa. Fra meno di mezz'ora dovrò ricominciare a fare la mamma. Mamma Jessica.

Mamma Gessy.

Alessandro Vuccino – Ombretta D'Ulisse

DA NARCISISMO A STALKING

La cattiva signora

Storia quasi splatter di una patologia antica

Io sono mamma Gessy. Abito in un appartamento in una via amena di un quartiere residenziale. Al quarto piano. Avrei desiderato salire un po' più su ed acchiapparmi l'attico, con il grande terrazzo e la vista sulla vicina Villa, ma non abbiamo potuto permettercelo, anche per non doverci prosciugare con l'affitto e rinunciare ad altre spese, magri superflue.
Siamo considerati una coppia molto affiatata ed abbiamo un bellissimo bambino, Lorenzo, che, per l'appunto, mi chiama mamma Gessy. Solo sette anni, ma svelto, intelligente come uno di dieci. Lo dicono tutti i nostri amici. Mi diverto tantissimo nel vestirlo come un bambolotto senza però mai privarlo di quel che va di moda, anche perché, pur se ancora cucciolo, ci rappresenta e mi spiacerebbe se si pensasse alla nostra famiglia come ad un piccolo nucleo con qualche difficoltà. Anche per questo motivo, quando si è trattato di comprare una macchina, ne ho scelta una adatta agli sguardi, con il posto di guida ben rialzato e del colore al momento più di tendenza. Amo i buoni apprezzamenti e desidero la considerazione. Perfino a costo di un bluff, ove questo fosse necessario. Ma, fortunatamente, per il momento questa evenienza non si è verificata. Beh… dico anche qualche bugia!

Lui è un buon medico, Stefano, è proprio uno forte, pratica seriamente la sua professione ed è molto stimato nella clinica dove ha aperto lo studio. Mi ha sempre preso in giro perché in realtà io non sono mai riuscita ad occuparmi di qualcosa con continuità, se non quando ho aspettato e messo al mondo Lorenzo, tra l'altro uscendone devastata dallo stress. Mi chiama la sua "fancazzista" ma in realtà mi sa desiderare, ama il mio corpo ed i miei lunghi capelli ed io lo ripago facendo in modo che la donna di servizio mantenga la casa in maniera inappuntabile, vestendomi sempre in modo giovanile, direi sportivo, come a lui piace, andando in palestra per tenermi in forma e sistemando qualche piccolo inestetismo con l'aiuto di un caro amico chirurgo.

Io trentasei, lui trentanove. Io leone, lui acquario. Lorenzo è del sagittario.

Alcune volte mi affaccio al balcone lungo sei metri e largo uno e ottanta, conosco le misure esatte perchè lo abbiamo dovuto far rivestire con delle nuove piastrelle, guardo in alto per vedere quanto è cresciuta la siepe di pitosforo oltre la ringhiera dell'attico, poi mi siedo, accendo una sigaretta e, abbassando lo sguardo, vedo passare tanta gente ed inizio a sentire il bisogno di uscire, magari per fare due passi , scambiare due parole tra amiche mammine. Come stasera, come adesso…telefono a Silvia, magari deve comprare qualcosa per le cena e…un aperitivo, due chiacchiere, vediamo di organizzare insieme la festicciola dei piccoli alla ludoteca del circolo, sarà pur ora di parlarne, no? Allora, avverto la filippina ed esco…Ci fosse mai una volta che questa benedetta ragazza mi accompagni alla porta per dare le mandate alla serratura! Mi fa perdere tempo. Dovrò farle notare questa sua mancanza di considerazione, che diamine!

Sarà il ciclo.

Ma quando m'è venuto il mese scorso?

-Arrivo! Intanto lavati i denti…la mamma arriva!-

In cucina, l'ho segnato sul calendario…ecco, cazzo! Ci mancano almeno dieci giorni, allora non è per questo, eppure le caviglie sono grosse, inguardabili.

-Eccomi, è ora di andare a letto, meno male che il pigiama già l'hai messo…ma possibile? Ogni sera 'sta storia che non vai a letto se non ti ci porto io, ma ce l'avrò o no il diritto di stare un momento, uno, dico un momento, per pensare ai fatti miei…papà lo vedrai domani a colazione, stasera è di guardia in clinica, lo sai, perché ogni volta fai le stesse domande? Eppure dovresti essere abbastanza grande per…no, no cucciolo…no, la mamma non è arrabbiata, è solo stanca e tu, tu fai sempre le stesse domande! Dormi adesso, dammi un bacio…ecco bravo…lascio la lucetta accesa…sì, sì starò sveglia, dopo ritorno, dormi…stai tranquillo, la mamma domani ti compra un giochino…

Allora, ora ragioniamo:stamattina la bilancia segnava sempre lo stesso, perciò è solo una questione di gonfiore…gonfiore: ananas, domani un litro, anzi due, d'ananas e solo due uova, anzi meglio quattro…proteine ci vogliono per i muscoli…i muscoli: giusto! Perchè non ci ho pensato prima! E' colpa di quell'imbecille incompetente, in palestra! Stronzo di merda! Io gli dico che devo assottigliare le gambe e - passi che sogghigna - ma mi fa fare tutti quegli esercizi che vedi tu che hanno combinato…c'ho due caviglie che manco quando ero incinta…

Lorenzo, arrivo! Ecco l'acqua…no, non mi metto accanto a te, perché sei grande e devi dormire da solo! I soldini per la merenda te li do domattina, devo cambiare cinquanta euro…ma, dico, che hai stasera? La tele? Ma sei impazzito? Sono quasi le dieci…ma che dici? Le otto e mezzo?…Oddio, mi sembrava che fosse passato un secolo da quando avevi cenato…Oh, oh, cucciolo bello, allora abbiamo ragione a non avere sonno!…Beh, meglio…così ti fai un bella dormita e domani, dopo la scuola a giocare a pallone alla

Villa! Bene, abbiamo raggiunto un accordo: stasera dormi e lasci in pace la mamma e domani gelato e pallone dopo la scuola…Va beh, anche un quarto d'ora di tele adesso…

Oddio, ma a che ora l'ho fatto mangiare Lorenzo stasera? Non importa, ora con la tele s'addormenta…intanto devo assolutamente infilarmi quei pantaloni, quelli lì si che mi danno la risposta, altro che bilancia, che poi se mi peso a quest'ora lo so che vedo un chilo in più e poi chi regge fino a domattina per vedere se è vero…Madonna, mi sta venendo un mal di stomaco…eccoli, quell' altra idiota li ha lasciati nel cesto, bene, appena lavati sono anche un po' più stretti…ecco, ecco… Cristo! Ma non si allacciano proprio…eppure l'altra volta appena lavati li ho infilati tranquillamente e mi stavano da Dio…l'ho vista bene la faccia del papà di Martina quando mi sono presentata a scuola con questi addosso! Dio, che mal di stomaco! Eppure non ho mangiato niente…adesso mi faccio una camomilla, che poi se ne bevo tanta faccio un bel po' di pipì…devo stare calma, calma: se Stefano mi vede stare a dieta si incazza di brutto…che dramma sarebbe se tornasse all'ora di pranzo, già di sera devo fare i salti mortali per non mangiare il primo piatto!

Lorenzo, basta! E' ora di dormire, ti prego ho mal di stomaco! Ora spegniamo la televisione e dormi, capito? Non voglio più sentirti! Un bacio, si, ti do un bacio, ecco ma ora stai buono e dormi…ti prego Lorenzo, ti prego… sto male…-

-Mammina, mammina, ma stai tanto male?-

Dio, quanto ho vomitato! Tutto quel poco che avevo mangiato durante il giorno…ma, meglio così, mi dispiace solo che Lorenzo si sia spaventato, almeno c'è un motivo per il mio nervosismo…meno male, si è addormentato e con Stefano ho sistemato tutto non fosse altro che per qualche giorno: posso non mangiare, non mi sento bene, forse influenza…così evito pure gli sguardi malignetti della filippina quando mi faccio il centrifugato di carote a pranzo...ho vomitato davanti a Lorenzo! Sto in una botte di ferro...

Certo resta sempre da capire questo gonfiore...questo ingrassamento...e quel fesso che neanche mi guardava quando mi spogliavo l'altro giorno, è rimasto in piedi in mutande a leggere i messaggi sul telefonino...peccato, perchè in fondo scopava bene...appena, mi riesco ad infilare quei pantaloni mi metto in tiro e mi lavoro il padre di Martina...è il giovedì che viene a prendere la figlia...l'altra settimana quando mi ha detto:

-... Jessica, che luce sei in una mattina così grigia!... - mi ha fatto sentire un certo brividello che è finito da quelle parti...sì, non è poi male anche se non è altissimo, è anche giovane...Che sonno, il Buscopan comincia a fare effetto...in fondo mi piace dormire accanto a Lorenzo, nel lettone da sola mi addormento a fatica.

Io amo il mare e mi piace talvolta pensare al mare, posso passarci anche molto tempo.

Quando ero piccina, quasi una bambina, andai con mia madre in un grande porto dell'Adriatico. Quel che mi colpì fino a provocarmi timore furono le gru che, smisurate, mi apparvero come mostri di acciaio vagamente assopiti. Provai paura a passare accanto a loro, quasi che quello che a me sembrava essere un enorme becco avesse dovuto aprirsi per ingoiare me e mia madre appunto. Anche il colore della ruggine mi colpì. Ed il fatto che mi tingesse le dita. Rosse. Rosse come rosso era il golf di mio padre.

Mio padre era stato prestato dai cantieri Ansaldo ad un armatore sovietico che, per non tenere la nave altro tempo ferma, aveva urgente bisogno di un tecnico capace, come solo mio padre poteva essere. Lui era un professionista veramente specializzato ed anche qualcosa di più: era eccellente. Quel giorno, in quel porto, lo cercavano sott'acqua.

C'erano un sacco di persone oltre ai sommozzatori dei Carabinieri. Ma non lo trovavano.

Di lui, qualcuno stringeva in mano il golf, rosso appunto. Le eliche di quella tetra nave lo avevano fatto a pezzi, frullato direi, ridotto in poltiglia, sparpagliando quell' hamburger umana in tutto lo specchio d'acqua circostante.

Si disse che fu un errore fatale, che il proprietario della nave russa, avrebbe risarcito la famiglia, ma mia madre andò avanti e indietro per i tribunali senza riuscire ad ottenere nulla. Il nome impossibile di quella nave adesso lo ricordo e, solo adesso, riesco a pronunciarlo, sicuramente in modo migliore di quanto deve aver fatto il nostro modesto avvocato, a suo tempo, balbettandolo tante volte davanti ad un magistrato indifferente.

La notte in cui persi mio padre, in un albergo della città di mare, imparai che la ruggine rimasta sulle dita, se la lecchi, sa di ferro.

Dello stesso ferro di cui si è cibata, distruggendolo.

Imparai anche che mia madre, quando non è vista, piange ma senza lasciare udire alcun rumore, dimenticandosi di lavarmi prima di andare a dormire.

Mi resi conto, infine, quella notte, che tutto quel che succedeva intorno a me era certamente assai doloroso ma che desideravo unicamente una tazza di cioccolata calda, poiché quel che accadeva non riusciva a farmi provare una vera sofferenza ma solo fastidio.

-Silvia…ehi…ordino il solito caffè macchiato per te?-

-Va bene…si, ma offro io! Tocca a me!-

-Non ci pensare proprio! Ma hai sentito che freddo che fa qui fuori oggi?-

-Le previsioni dicono che continuerà per altri tre giorni, minimo…-

-Poi con l'umido che c'è qui, accanto alla Villa...Allora un macchiato per te... Scusa Walter... scusa... il solito per la mia amica e un caffè lungo per me...e non farceli freddare! Li lasci sempre sul banco per troppo tempo! Walter...ci accendi la stufa che qui fuori si crepa? Grazie, grazie...-

-Come stava Lollo?-

-Molto meglio Silviotta! Non lo avrei mandato a scuola se non fosse stato più che bene!-

-Lo hai rivisto?-

-Chi?-

-Francesco, il padre di Martina...lo hai visto stamattina giù nel cortile della scuola?-

-Ma guarda che amica impicciona che ho! Per il solo fatto di esserci sedute tutte e due al chioschetto, si sente in diritto di farmi queste domande così personali...-

-Dai Jessica, raccontami l'ultima puntata...-

-Guarda che lo sai solo tu. Se questa cosa dovesse tornare al mittente, anche solo una volta e iniziassi a pensare che è diventata di dominio pubblico...io faccio i conti con te! Intesi?-

-Ah, vabbè! Questa è la fiducia che mi dimostri? Complimenti...bella gratitudine...per tutte le volte che ti ho dato una mano!-

-No! Tu lo sai! Le altre non devono sapere nulla! Troppo pericoloso...

-Grazie Walter appoggia pure qui, ti faccio spazio. Quando comprerai delle sedie più comode? Queste premono proprio sui reni...fanno venire un mal di schiena! Dov'è il Dietor... Eccolo, bravo! I caffè li aggiungi al mio conto. Ma come sei elegante stamattina! -

-Allora?-

-Si che l'ho visto! Aveva appena lasciato la figlia. Ha detto che vuole parlarmi...Dice sempre così, poi ha sempre poco da dire e molto da fare...Però è gentile, un vero signore...-

-Quante volte?-

-Che vuoi dire?-

-Quante volte ci sei stata?-

-Come in confessione! Quante volte? Allora devi dire cinque Pater, dieci Ave Maria…Ci sono andata a letto più di due e meno di quattro…-

-Tre, dunque, numero perfetto!-

-Due sono state perfette! Una un po' meno!-

-La prima, immagino!-

-No, cara mia, l'ultima. Era un po' sbidonato…-

-Che vuol dire sbidonato?-

-Meno prestante, un po' bloccato.-

-Se in primavera verrai nella palestra dove vado io…C'è l'istruttore di pilates…Ci scoppia dentro alla tuta quello lì!-

-Lo sai che a me non piacciono troppo muscolosi…A proposito…Sono una decina di giorni che quasi ogni mattina, di fronte a casa mia, giusto, giusto davanti al mio portone si ferma una vecchia cabrio da cui scende una coppia, lui e lei…devi vedere che tipi!-

-Cosa hanno di strano?-

-Di strano dici? Niente. No. Nulla! E' che lui se la cava piuttosto bene, mentre lei è così amorfa…Una cabrio bianca…Capote nera…Maschietto con capelli castani, alto, vestito sportivo…-

-Gli hai fatto anche la conta dei globuli?-

-E no, dai! Non prendermi per il culo! Non è che ti è capitato di vederlo?-

-Scendono dalla macchina, hai detto e…e dove vanno?-

-A volte si fermano a fumare una sigaretta insieme prima che la donna entri nel palazzo opposto al mio…Però con il freddo che fa in questi giorni sono rimasti spesso rincantucciati in auto. Poi lei è scesa e lui se ne è andato.-

-Mai visti e conosciuti! Hai provato a domandare a Walter? Quello sa tutto delle persone che bazzicano qui intorno.-

-Non sa niente!-

-Vabbè Jessica ma adesso non cominciare a fissarti con questo qui, ti prego. Già stai rischiando grosso con Francesco...meglio navigare in acque un po' più lontane della scuola o del portone di casa...-

-Con Francesco? Che ho rischiato secondo te?-

-Di preciso non lo so... Ma la moglie non è cretina e non ha nessuna voglia di essere creduta tale!-

-Ha poco da sospettare o dire quella lì! Poi è così antiestetica...Un giorno ti racconterò cosa ne pensa il marito e cosa racconta di lei! Comunque per tua norma e regola, io non mi fisso, come dici tu! Ho l'impressione che quel tipo della cabrio mi abbia notata mentre accompagnavo Lollo, mentre io e il mio amoruccio uscivamo di casa. Mi ha sparato un paio di occhiate...-

-Tutto qua?-

-Tutto qua! Cosa pretendevi, che ti dicessi che mi era corso incontro a braccia tese?-

-E tu? Lui ha sparato e tu? Hai risposto al fuoco?-

-Sei fastidiosa! Cosa vuoi che facessi? Sono solo passata vicina, molto vicina alla macchina, senza far parere. Così l'ho visto meglio...-

-Allora vedi che anche tu lo hai guardato?-

-Si ma di sfuggita...-

-Che brava ragazza! Un esempio per tutte! Allora...io adesso me ne devo andare. Vorrà dire che se dovessi vedere o se dovessi essere investita da una cabrio bianca cercherò di sapere chi c'è sopra. Nel frattempo mantieniti in allenamento con Francesco che mi sembra una brava persona. Io nel pomeriggio prendo Matteo dal doposcuola...se verso le cinque capiti da queste parti, al chioschetto, dovrei trovarmi a passare di qui...bene? Però, in questo caso offro io senza discussioni... tanto tu non mangi niente...grazie per il coffe...Ma cosa hai Jessica? Ti vedo infastidita...-

-Niente, niente...Stavo solo pensando! Ciao, eh!-

Amo il vento leggero che arruffa il fumo della mia sigaretta facendolo ondeggiare per poi compattarlo. Prende la forma di una grande virgola che avvitandosi su se stessa galleggia indecisa fin quando tutto di un tratto scompare velocemente alla vista e all'olfatto. Amo il vento leggero e, dunque, gli spazi aperti, dove il mio sguardo può finalmente vagare per cercare una preda su cui scaricare la mia adrenalina, sulla quale iniziare a costruire un'altra vittoria, un'altra cattura. Una piccola scanalatura, un segno incavato sulla legnosa trave della mia esistenza. Una lama ed un taglio, una traccia, da mettere da parte a futura memoria, piccolo trofeo seghettato da scorrere con le dita, da incontrare nei polpastrelli fino a trarne dolore nel rapido, nascosto contatto.

Da tutti quei segni, tracce, trofei ricavo linfa per la mia sicurezza, garanzie di sopravvivenza, sensazione appagante di essere, esserci. Un album in cui ritrovare immagini di me negli sguardi altrui.

Eppure vacillo in ciò che tutti, perfino i bambini, risolvono inconsapevolmente: non scendo mai dei gradini con tranquillità.

Le rampe di scale, le discese, mi disturbano non poco. Scompigliano il mio senso dell'equilibrio, sovvertono i giusti parametri, gli armonici criteri ai quali, da anni, chiedo una schietta collaborazione.

Tra la gente me la cavo con un sorriso. Mentre le dita vibrano scorrendo sudate sul corrimano, scendo lentamente, sentendo le gambe frolle, le ginocchia acquose, contando i passi bisbigliando, ma sempre con le labbra schiuse in un sorriso.

Non mi piace, infatti, mettere a nudo le mie debolezze.

Tutto questo, tuttavia, mi restituisce gradevoli gesti di assenso.

Dagli uomini, ovviamente.

Alcuni rispondono fissandomi, rallentando la salita. Altri mi rendono una moina rapida, dimostrando imbarazzo nell'essersi manifestati. Al più anziano tra loro, devo un antiquato, perciò coerente, tocco delle dita sulla falda del cappello.

Capita, infine, la sfacciataggine ma di questa non ne tengo conto.

C'e, comunque, un antefatto.

La mia nascita sembra essere legata ad un avvenimento mitologico. Non nell'argilla venni modellata, ma nel fango, certamente meno aristocratico ma unico elemento messo a disposizione di mia madre dagli Dei, in una notte ovviamente piovosa.

Quel ruzzolone di mamma costò a mio padre le prime ciocche di capelli grigi ed a lei la grave paura di essersi provocata un aborto.

L'attimo, il momento sembrò loro non finire mai. Qualche metro percorso scivolando parve lungo trenta anni di vita, dapprima con l'incertezza dell'appoggio, poi con la schiena inarcata e le braccia protese, quindi il piegarsi di una gamba, di seguito l'altra, un grido acuto, un grido greve, il contatto di una sola mano sulla terra molle, il silenzioso tonfo nel fradicio.

Eppure io resistei. Nacqui in anticipo. E, da allora, forse, rimasi sempre in credito d'amore.

E se l'amore, appunto, fosse quel bel tizio che ora siede immobile nella cabrio bianca? Se fosse lui l'amore, se sapesse che lo sto guardando da questo balcone e che insieme potremmo completarci, formare un ingranaggio perfetto, compiutamente lubrificato che, nel vorticare, incastra denti lucidi uno accanto all'altro, in un movimento meccanico preciso, assoluto, mai difettoso. E se anche oggi lui è fermo qui deve esserci un buon motivo. La donna è scesa ed è entrata nel portone, ma lui è qui, qui sotto, fermo dentro l'auto. Se mi aspettasse? Se mi avesse notata e cercasse di conoscermi? E' quasi un mese che di tanto in tanto rimane anche più di mezz'ora davanti al mio palazzo. Devo scendere in strada, farmi vedere, osservare la sua espressione quando gli passerò accanto. Cosa potrà avere…da quassù sembra una decina d'anni più di me, ma io vestita come sono questa mattina sembro più giovane. Sarà più sensibile nel vedere una persona carina che gli appare anche come una ragazza. Al diavolo Francesco e i suoi problemi. Al diavolo le isterie di sua moglie e tutte le stronzate a cui mi ha costretta. Questo qui sotto ne vale due di lui ed io sento che lo posso prendere, lo posso prendere, lo posso prendere...

-Pronto Silvia...ehi sono io. Hai finito di mangiare? Mi regali tre minuti o hai da fare? Solo tre, si! Oggi quello con la cabrio era di nuovo qui...Senti io non ce l'ho fatta e sono scesa. L'ho visto bene, l'ho proprio inquadrato nonostante il riflesso del parabrezza...Si, si come ti avevo detto, una cinquantina, forse qualcosa di meno. Un tipo asciutto, decisamente alto. Mi piace, Silvia, mi piace un casino! Si, anche se era seduto in macchina ho potuto capire che era alto, poi...poi l'avevo già visto in piedi salutare la sua donna. Si davano un bacino sulla guancia, teneri! E' la moglie! Lui ha la fede. Come no! E che mi frega a me? Si, si, teneva il vetro abbassato e la mano penzolante sullo sportello con la sigaretta fra le dita e, sulle dita c'era il simbolo dell'amore "...fino a che morte non ci separi". Un altro ergastolano, poverino! L'unica cosa che non ha funzionato è stata che ho ammiccato un sorrisetto passando, e in quel momento esatto la moglie appariva di nuovo sul marciapiede dirigendosi verso la macchina. Non vorrei che mi avesse visto! Lui si, se ne è accorto, del mio risolino intendo. No, no, non ha fatto nulla...è rimasto immobile, poi non lo so perché ho tirato dritto...Sono arrivata da Walter, ho preso un caffè e sono tornata a casa e la macchina non c'era più.
Senti, non è possibile che almeno due volte se non tre alla settimana lui fermi la cabrio sotto casa mia se non avesse intenzione di conoscermi. Mi deve aver vista...Assolutamente! Adesso devo solo capire cosa cazzo va a fare quella tipa nel palazzo di fronte. Walter non ne sa nulla, tu nemmeno....Vorrà dire che stasera vado a guardare il citofono...voglio vedere chi abita lì, magari amici di amici, qualcuno che si conosce...Chi?

Francesco…Ah, Francesco è un vero stronzo! Mi ha fatto tutto un discorso contorto per farmi capire che vuol prendere il largo, ma non da me, bada bene ma, come dice lui, dalla "situazione". Non me ne frega niente! Faccia quello che vuole…io, io ho il mio bel da fare ora…No, no non è difficile, nemmeno impossibile…è fico Silvia, fico, fico… "Parigi val bene una Messa" chi lo ha detto? Boh! Ma va bene lo stesso! Ti lascio che se no finisce di scaricarsi il telefonino…Domani al chioschetto? Nove e mezza, ok? Stai tranquilla non mi infilo nei casini, ciao, ciao.-

-Buongiorno! Ma quante belle ragazze…beh ragazze…giovani mamme! Che bel gruppetto! Tutte in circolo intorno al tavolino, come nei filmati di miss Italia…-
-Ciao Jessica…-
-Laura, Camilla, Vittoria, ohh c'e anche Flavia…che meraviglia…tutte qui per l'ora della prima colazione, eh? E' diventato un chiosco alla moda questo! O siete voi che non preparate più il caffelatte a vostro marito? Prendo anch'io un caffè, allora…Silvia non si è vista?-
-Silvia aveva da fare…-
-Perché ridi Laura?-
-No, niente…-
-Dai, vi siete messe tutte a ridere! C'è qualche novità?-
-"Silvia non c'è, è andata via…" ve la ricordate?-
-Veramente era Laura di cui si parlava nella canzone…-
-Va bene Jessica non sottilizzare…-
-Walter, ciao! Caffè serio, mi raccomando...-
-Dove hai comprato quelle scarpe Flavia?-
-Da Montani.-
-Montani al centro?-
-No Jessica, quello nella piazza qui dietro…-
-E Montani ha delle cose così carine? Ma…da quando?-

-Si è molto rinnovato negli ultimi tempi!-

-Deve essersi preso qualche collaboratore gay…Lui non ha mai avuto gusto nella scelta delle marche giuste…Fai vedere bene le scarpe… sono le Hoogan alte, vero? Carine davvero!-

-Si, l'unica cosa che non mi convince è questa cucitura troppo in evidenza. E' vero che sono scarpe sportive ma, in fondo, se non ci fosse stata…le ho pagate mica poco…Ehi, Jessica…oh, Jessica, ma mi stai ascoltando?-

-Ecco il caffè…per la signora.-

-Grazie Walter, ma la signora non è al momento presente fra noi.-

-Si che sono qui! Grazie per il caffè… Segna Walter. Flavia non mi ricordavo di te così bisbetica!-

-Ti stavo parlando, ma tu…che cacchio stai guardando?-

-Nessuna di voi sa chi sono quei due che si stanno sedendo al tavolo all'angolo?-

-No, mai visti.-

-No.-

-Quella con il cappotto nero?-

-Si, quei due! Lui ha una cabrio bianca.-

-Se ha una Aston Martin, mi farebbe piacere conoscerlo…-

-Vittoria! Che dici?-

-Camilla mia, la guerra è guerra|. Subito a pensar male. Mi piacerebbe farmi un giretto in un'Aston…tutto qua.-

-Insomma, nessuno di voi li conosce…tu Laura?-

-Ho già detto di no!-

-Saranno extraterrestri.-

-Non direi, hanno ordinato due cappuccini con i cornetti… Roba da gente terrena! Però se Jessica se li continua guardare così… -

-E' lui che mi ha guardato, scema…-

-Beh ci siamo solo noi e quello lì che legge il giornale…-

-Poteva guardare una di voi. Te Laura, oppure te Camy …-

-Veramente a me sembra che si faccia i fatti suoi…-

-E' una tattica, forse. Meno male che non c'è mio marito. Se Stefano si fosse accorto che un tizio mi guardava, geloso com'è…-

-Adesso non esagerare…Ti avrà dato un'occhiata.-

-Esagero? Lo sai che quel maschietto spesso è parcheggiato sotto casa mia, fermo dentro alla macchina per un sacco di tempo?-

-E che ci fa lì?-

-Flavia, sinceramente non lo so! Non vorrei che fosse un mezzo matto…-

-Ma dai ragazze! Non superiamo i limiti! Sta con la moglie…insomma con quella lì.-

-E' la moglie, la moglie, si!-

-E tu che ne sai Jessica?-

-Hanno la fede…-

-Ma chi ci dice che siano due fedi uguali?-

-Vittoria, per caso credi che alle nove di mattina uno esca con l'amante e la porti in questo posto a strafogarsi di cornetti e cappuccino?-

-Avete visto che mi ha guardato di nuovo?-

-Mi è sembrato, si!-

-Ragazze, ho preso il mio caffè…Non ho nessuna intenzione di fare da bersaglio alle fantasie di quello lì! Per cui, per evitare ogni insistenza…-

-Te ne vai?-

-Già! Ho anche da fare…E' meglio che controlli un po' la donna di servizio! E' ora che la segua un pochino quando mette in ordine la casa…Se venisse Silvia ditele che più tardi le telefonerò…-

-Vai sempre in palestra Jessica?-

-Sempre Lauretta, ma non in questi giorni. Ho le mie cose…-

-Zitta…parla a voce più bassa…-

-Beh…capita a tutte! Cosa c'è di strano? Ciao giovincelle!-

-Ciao…-

-Ciao…-

-Ci vediamo…-

So aspettare. Ho tempo! Ma tu non ne approfitterai. La tua macchina è qui vicina, posso vederla. Mentre tu non puoi vedere me, seduta come sono dietro le piante, in balcone. Non fa nemmeno freddo. La primavera sta arrivando. Stagione davvero fertile, adatta a noi due. Conto fino a cento e ti vedrò sbucare dall'angolo. Cappuccino e cornetto! Quanto vuoi impiegare per finire ed accompagnare tua moglie? Mi hai guardato, mostro. Mi hai guardato insistentemente, mostro. Cosa vuoi trasmettermi? Sono tanti giorni ormai, troppi che giochiamo al gatto e topo. Se sei qui per me, dammi un tuo segnale. O non puoi? Forse non puoi, con lei vicina? Conto fino a cento e tu apparirai oltre l'angolo. Venticinque...Non farmi aspettare ancora... trentadue...Eccoti, eccoti...svelto salutala...alza lo sguardo che io mi affaccio...come ti chiami...io sono Jessica, sono quassù...vorresti parlarmi, povero...Lei è entrata...no, no, non andar via, non salire in macchina, guarda su, guarda su...perché vai via...aspetta scemo...ma perché, perché? Anche oggi così! Non è possibile! Quando sarà?

-Silviotta sei già stanca? Ma se avremo camminato al massimo per cinquecento metri!-

-Sono i tacchi…e i marciapiedi rovinati. Del resto, mia cara non siamo tutte nate alte due metri come te e senza culo per giunta. Se qui non alziamo un pochino il fondoschiena sembriamo delle papere…Lasciamo perdere quelli che dicono che nelle botti piccole c'è buon vino…Guarda tu gli uomini che incontriamo: vedono questo perticone che sei e non si accorgono di me…-

-Eppure mi sembra che tu riscuoti un buon successo!-

-Oh, per portarti a letto vai sempre bene…da quindici a cinquanta basta che respirino diceva il saggio. Maschio naturalmente!-

-E dopo i cinquanta?-

-Jessica, sei quasi angelica! C'è il chirurgo plastico, è ovvio!-

-Silvia, vieni, giriamo di qua…C'è un negozietto poco più avanti che mi intriga, te lo voglio mostrare…-

-Prezzi?-

-Accettabili.-

-Ecco è dopo quella moto che sporge…Ma…mi sembra che…Cazzo è chiuso, ma perché? Sempre aperto, solo oggi chiuso!-

-Che si fa?-

-Si torna indietro sul Corso, mia cara! Mi dispiace tanto…Ci tenevo proprio che tu lo conoscessi…-

-Penso che oggi sia una festività ebraica. Mi sembra di aver fatto caso ad altri negozi con le saracinesche abbassate lungo la strada…-

-Che sfiga!-

-Cinque minuti sul muretto là in fondo…un po' di pace per le mie gambe e una bella sigaretta per alimentare il mio futuro cancro…-

-Amen Silvia! Sei confortante!-

-Concreta, direi…dai andiamoci a sedere.-

-…-

-Hai da accendere?-

-Tutto quello che vuoi cicognona!-

-Come ti sta andando con Mr. Pilates?-

-E' molto dolce, ma non durerà…-

-Perché?-

-Perché è divorziato ed io non mi posso permettere che si innamori…-

-Addirittura! Innamorarsi! Ma quanti anni ha?-

-L'età non centra. E' la sua testa…Vedi Jessica, io pensavo che fosse un tipo da palestra tutto muscoli, diete, aria aperta…Invece ragiona! Ha sentimenti! Talvolta è perfino depresso…-

-Ma è lui o sei tu che ti stai prendendo una sbandata?-

-Posso fumare questa sigaretta in pace o devo subire una "ravanata" nell'anima?-

-Le vere amiche si confessano tra loro!-

-Bene! Io una parte dei fatti miei te li ho fatti conoscere...Tu, piuttosto, non mi hai ancora raccontato l'ultima puntata del fico con la cabrio bianca...-

-Nulla.-

-Come nulla?-

-Nessun passo avanti. Solo incertezze...Mi spiego: ha degli strani orari. Incomincio a non capire più niente. Prima arrivava solo di mattina, adesso invece lo vedo anche di pomeriggio, altre volte in alta mattinata, addirittura di sera...-

-Sempre sotto casa tua?-

-Si! Quando non è lì è da Walter.-

-Cazzo, ma si è proprio fissato con te quello li!-

- Fissato, fissato, questo è certo...Ma non si fa avanti, non si muove...-

-Sarà paralizzato! Sei certa che cammini?-

-Dai non dire stronzate! Guarda che io ci sto male...Io lo devo conoscere, capisci "devo"?-

-Ma ti fossi innamorata anche tu, come il mio atleta? Poi se stai iniziando a starci male prova a buttare giù una frase...salutalo, sorridigli, tiragli una sassata su una tempia così potrai dire di averlo steso veramente...Ma dimmi tu se per andare a letto con uno ci si debba creare tutti 'sti problemi...-

-Silvia le cose non stanno proprio così...-

-Cioè?-

-Io mi sto accorgendo che non è tanto il sesso che mi soddisferebbe...-

-Due forchettate di fettuccine andrebbero meglio? Al posto dei tuoi succhi di pompelmo ed ananas...le fettuccine dovrebbero essere estremamente più piacevoli...-

-Ma hai voglia di dire cazzate o mi stai ad ascoltare?-

-Ok! Rimango seduta, ferma e zitta!-

-Tu hai bisogno di incontrare dei maschi. Anch'io credevo che questo significasse divertimento, appagamento...una completa soddisfazione. Invece...invece...come ti posso spiegare...Silvia a me va bene finire dentro un letto, non è che non mi piaccia, ma mi sto accorgendo che quello che conta di più è… l'attenzione, il prima non il dopo, capisci? Io mi sento bene quando so di essere guardata, di essere al centro dei desideri di chi mi vede. Voglio che gli uomini mi guardino, mi desiderino. Voglio sapere di poterli fare innamorare. Devono pensare a me, avermi nei loro desideri. Devono vedermi passare per strada e notarmi, apprezzarmi. Non posso pensare di passare inosservata, non posso pensare che il tizio con la cabrio non mi abbia visto. E se mi ha notato, non posso ammettere che questo non gli abbia scatenato la smania di scoparmi. Lo so di sembrare matta, ma ho scoperto che, arrivata alla mia età, questo per me rappresenta il compiacimento assoluto.-

-Ma tu sei bella, dovresti essere abituata alle occhiate, alle attenzioni…-

-Non mi bastano mai, Silvia! Ho fame di successo, ho bisogno di certezze che solo l'attenzione degli altri mi può dare. Devo essere io il fulcro dell'interesse.-

-E dopo tanta premura per te?-

-Si va bene anche quello, anche il sesso. Ma l'hai detto tu…E' facile trovare chi ti prende. E' semplicissimo! E' tutta quella cornice meravigliosa di sguardi, ammiccamenti, mosse complici, muti appuntamenti, intese subdole, bugie, schermaglie…Silvia è tutto così divino, quasi più del sesso consumato in pochi minuti. Il mio gioco potrebbe durare giorni e giorni se trovassi un compagno adatto. Un orgasmo protratto nel tempo, capisci?-

-Passami di nuovo l'accendino…-

-Ma, ne fumi un'altra? L'hai appena spenta!-

-Dai qua! Voglio solo darti fuoco!-

Sul balcone. Cinque minuti di pace. Forse anche dieci.

Ho fatto bene a far scendere Lorenzo con quella scema...non ce la facevo più a sentire i gridolini di lui e le risate idiote di lei, non è buona a niente...neanche a far star tranquillo un bambino, mò li ho spediti dal panettiere così lui si distrae un attimo e lei fa qualcosa di utile...Ma sono un bel po' nervosa pure io oggi...La verità è che da me ci si aspetterebbe che il pomeriggio lo trascorressi a far un po' svagare quel piccoletto, ma non ce la faccio proprio...Stefano, anche lui mastica male, secondo me...quando dice "Lorenzo è venuto con te alla villa, oggi pomeriggio?"...sono già due volte che lo domanda...Cristo! Ma che si pretende da me? Sto qui a trovare scuse per uscire, segregata in casa, col piccolo e la filippina che poi, secondo me, mi spia se parlo al telefono, mi guarda con quei suoi occhi lunghi e neri che hanno quelle espressioni, che hai voglia a dire, non sono come le nostre, e quindi non le capisci mai bene...e l'altro giorno l'ho vista parlare col portiere...quando si è accorta di me si è sbrigata sia a smettere di chiacchierare, sia a venirmi incontro con la scusa di prendermi la borsa della palestra per fingere di occuparsi di qualche cosa...una serpe in seno, ecco quello che ho in casa.

Sono nervosa, lo so. Devo calmarmi. Anche Silvia se ne è accorta l'altro giorno ed io, cretina, che cerco di spiegarmi con lei. La verità è che è solo puttana, lei...e puttaniere il marito.

Io lo so che per me è diverso.

Io volo alto.

Sono la protagonista di questo mondo. Di questo e di qualunque altro in cui fossi vissuta. Apro le braccia e gli altri scompaiono o, meglio, sono lì solo per me.

Mi impongo, nessuno può non vedermi.

Invidia, quella delle altre donne, sguardi e cedimenti quelli degli uomini.

Un godimento vero.

Ogni giorno, ogni momento, solo che io lo voglia... accade.

E non mi diverte più neanche andare fino in fondo, quello stronzo di Francesco me lo ha fatto capire...ah, non sa neppure lui quanto gliene sia grata...ma non sa neanche quanto mi eccitava prima che con lui le cose prendessero la strada del sesso...il giorno del primo appuntamento ero così euforica nel sapere quante bugie aveva dovuto inventarsi con la moglie che altro che scopare, dopo l'aperitivo avrei voluto andarmene...è la seconda volta che succede:la soddisfazione infinita della conquista mi appaga del tutto.

E' per questo che sono così inquieta.

Perchè mi fa rabbia non averlo capito prima...quanti ne avrei avuti ancora adoranti, tutti in tiro, tutti pronti a cercare di incontrare i miei occhi; quanti ne avrei visti indovinare i miei orari, i miei spostamenti per capire se, per scoprire come...

Ma non è solo questo a rendermi nervosa.

E' l'astinenza.

Oggi è lunedì e mi capita di nuovo: la moglie non lavora e lui non si è visto...ma possibile che venga solo per portare quella scema? Purtroppo sembra proprio di sì, vedi lui e la moglie, prima o dopo, non manca mai...oppure, oppure quando viene da solo io non me ne accorgo...devo controllare meglio, controllare di più...Ecco Lollo che torna...ma piange...io quella stasera la butto fuori. Lei e i suoi stracci!

Ho avuto una buona notizia. Stamattina. Informazioni precise. E' stato Walter, il barista, che mi ha reso involontariamente un gran favore.

Ero salita in macchina per accompagnare Lollo a scuola con molto ritardo, perché lui non voleva alzarsi dal letto e continuava a fare i capricci. Al ritorno mi accorgevo che, nella fretta, non avevo preso con me la borsa della palestra, quindi tornavo verso casa con una certa premura.

Neanche a farlo apposta passando davanti al chioschetto della Villa vedo qualcosa molto interessante. Walter parlava con quelli della cabrio e, data l'assenza di clienti forse proprio per l'ora insolita, si era addirittura seduto al tavolo con loro e dai gesti, dal modo di muoversi, sembrava aver preso una gran confidenza con i due.

Dopo essere salita a casa, mi sono messa sbirciare dietro la finestra aspettando che la macchina bianca si allontanasse e, subito sono ridiscesa per andare a chiedere notizie a Walter.

Finalmente! Walter stava sciacquando dei bicchieri. Davanti al bancone, un tizio di colore faceva tintinnare una slot. Nient'altro. Nessun altro.

Lo avvicino con un sorriso dei migliori e gli chiedo di prepararmi un caffè. Poi mi avvito su me stessa per vedere se qualcuno sta avvicinandosi e con dolcezza, molto, molto garbo gli porgo la mia domanda:

-E' un po' che vedo due persone, forse marito e moglie che ogni tanto, di mattina vengono a fare colazione da te…alle due talvolta fanno anche uno spuntino…non è che lei potrebbe essere la sorella della parrucchiera che sta qui dietro? A me sembra che le somigli tanto… Tu ci stavi parlando, poco fa…-

Aspetto.

-Ma chi, Antonella?-

-Chi è Antonella?-

-Jessica, ti riferisci a quella signora bionda, con il marito magro, alto?-

-Credo, credo di si!-

-Ma figurati …Altro che sorella di Sofia! Antonella è una vecchia cliente…intendo vecchia non per l'età beninteso!-

-Ma tu guarda, sembrava la copia della parrucchiera…e…come mai se è una cliente da tempo non l'ho mai vista prima?-

-Beh…in questi ultimi tempi è venuta molte volte. Il marito è rimasto spesso seduto qui ad aspettarla!-

-Ma non è una vecchia cliente, allora!-

-Ti dico di si! La conosco da una vita! Tante persone nel quartiere la conoscono…del resto è andata via da qui solo pochi anni fa…all'incirca quando sei arrivata tu!- Abitava a trecento metri da qua, la strada che fa angolo con il banchetto del fioraio. Ha la fissazione per la Coca Cola fin da quando era ragazza. Il padre e la madre erano due gran brave persone. Eravamo amici.-

-E lei è venuta ad abitare di nuovo qui?-

-No, con il marito stanno da tutta un'altra parte. Lei ci lavora qui. Ha aperto uno studio con altri medici credo…no, anzi, sono sicuro!-

-Studio medico?-

-Davanti a casa tua Jessica. E' una psicologa, psicoanalista, qualcosa che ha a che vedere con quelli un po' stanchi, svitati.-

-Antonella hai detto?-

-Si, Antonella.-

-E…il marito?-

-Ah, quello li non lo conosco…ecco il tuo caffè…però mi sembra una brava persona. Tranquilla. Si chiama Fabrizio, e sembra che gli piaccia molto il calcio. La prossima volta che lo vedo voglio domandargli per quale squadra fa il tifo. Mi sono sempre dimenticato di chiederglielo!-

-Sta diventando un posto da vip questo baretto, non c'è niente da fare!-

-Grazie a Dio, non sono i clienti che mancano, ma lo spazio! Se il comune mi desse il permesso di mettere qualche tavolino in più qui fuori…Ma c'è un magna, magna, che fa passare la voglia di chiedere. Com'era il caffè?-

-Buono, molto buono…Non puoi immaginare come mi sia servito per darmi un po' di tono prima di andare in palestra…-

-Ma non sei fuori orario, oggi?-

-Lorenzo mi ha fatto fare tardi…non voleva alzarsi. Poverino ha pianto lungo tutto il tragitto in macchina…Ma adesso è tutto a posto! Tutto è rientrato nei ranghi. Decisamente tutto! Fammi scappare…Oh Walter, entro il fine settimana metto a posto il mio conto…quel che ti devo, insomma!-

-Tranquilla, ce ne fossero di clienti come te!-

Ed io, allontanandomi, iniziai dapprima a sorridere, poi a ridere e finalmente dopo tanto tempo, provai una sconvolgente felicità alla quale ora sapevo dare un nome: Fabrizio.

Mercoledì mattina. Venti minuti all'una. Sono seduta ad un tavolino del chiosco con Flavia e Laura. Lollo è a casa con la donna di servizio.

Lui, Fabrizio, lascia la macchina in seconda fila, scende e si avvicina a noi.

Siede in modo che io lo possa guardare dritto in faccia. Ci dividono gli schienali di due sedie.

Abbasso gli occhiali da sole che ho tra i capelli. Così non può vedere se lo guardo.

Lui risponde mettendosi sbieco, in direzione del sole per farmi credere che mi ignori.

Ha un viso ossuto, interessante visto da più vicino. Muove la bocca nervosamente mentre sfoglia un giornale ciancicato che trova sul tavolo.

Quando chiede a Walter un analcolico, gli sorride e confabula con lui per qualche attimo. Poi aspettando l'arrivo di ciò che ha ordinato, abbassa il capo sul giornale riprendendo la lettura. Non passa un minuto che inizia a cercare qualcosa nelle tasche del giubbotto che indossa. Sigarette e accendino. Nell'iniziare a fumare muove la testa lentamente fino a voltarsi verso di me. Mi guarda. Guarda le mie amiche.

E' come se una lama affilata avesse arato le mie guance.

Mi viene in soccorso una domanda cretina di Flavia. Così mi volto verso di lei, rispondo un'emerita cazzata ma mi sfiammo ed alzo gli occhiali sulla testa per far vedere a lui che lo guardo. E' furbo. Davanti alle mie amiche fa finta di niente. E' un'ora che sta fermo sulla stessa pagina del giornale. Non sta leggendo. Sta aspettando che chi mi sta intorno si alzi e se ne vada. Dopo, forse, mi abborderà. Adesso lo fisso mentre parlo. Alzo anche la voce. Certamente a lui farà piacere conoscerla, distinguerla. Se Laura racconta a Flavia quel divertente episodio del piccolo tamponamento che ha avuto, sgancio una risata così rumorosa che servirà a farmi vedere allegra, a farmi notare, a fargli apprezzare i miei denti ordinati. Accavalla le gambe. E' impaziente. E' sicuramente impaziente.

Mi vuole, ma non sa come fare.

Beve l'aperitivo e smangiuzza delle patatine che prende ritmicamente.

Se adesso chiamo Walter prima che rientri dietro al bancone, forse risponderà pronunciando il mio nome, così Fabrizio lo potrà conoscere, fissare nella mente e, semmai, chiedere di me.

-Walter, scusa vieni da noi…-

-Eccomi…-

-Un caffeuccio, per favore…Voi volete niente?-

-No Jessica grazie! Ma tu ne prendi un altro?-

-Sono così stanca oggi, distrutta! L'outlet sembrava non finire mai! Allora solo per me Walter! A chi fai un caffè con tanto affetto?-

-A te Jessica…-

-Visto che bravo barman che abbiamo?- Ma avrebbe dovuto dire il mio nome con voce più alta, 'sto stronzo!

-Jessi, meno male che sei stanca! Strilli come un'aquila…-La scema di Laura squittisce e non sa che piacere mi sta facendo, infatti…

Si è voltato. Ha visto che lo guardo. Passo una mano tra i capelli per muoverli a destra e sinistra. Sorrido, rido, ma smetto di osservarlo. Accendo anch'io una sigaretta e provo ad impostare un discorso con Flavia e Laura così da poter muovere le mie lunghe braccia, gesticolare, agitarmi. Mi accorgo della mancanza del portacenere. E' sul tavolo accanto. Mi alzo, struscio la sedia sulla ghiaia, mi mostro in tutta la mia altezza, gli sono ad un passo, gli lancio un'occhiata e rapidamente gli do le spalle, mi risiedo e, nel farlo quasi urto Walter che porta come un sagrestano la mia tazzina...Allora rido e mi scuso sempre a voce alta. Le altre sorridono. Anzi Laura ride ed io dico due, tre stupidaggini con il tono di voce che usavo quando ero quindicenne. Lui ci fissa. Ma in realtà sento addosso che sta guardando solo me, attentamente. Mi avvicino all'orecchio di Flavia:

-Vedi quello come insiste,oggi?-

-Non è il tale che dicevi l'altra volta...ma, lo vediamo spesso qui, anche quando tu non ci sei-

-Ah, vedi? Allora mi aspetta.... Oppure staziona sotto casa mia . Non mi da pace! Non che non sia carino...ma dovrebbe rendersi conto che sono una donna sposata!-

-Io penso che lui aspetti la moglie... Li vedo spesso insieme...E se proprio fosse, come potrebbe sapere che tu sei sposata? Mica è un indovino!-

-Beh si vede chiaramente che sono una signora! Mi ha visto cento volte con Lorenzo!-

-Potresti essere divorziata! Tuo marito non si vede mai qui. Comunque ci vuole poco per tenerlo al suo posto! Non sembra essere così pericoloso! E' tutto educatino!-

-Si è fissato con me, credimi! Dillo a Laura, ma sottovoce...dillo anche a lei! Mi ossessiona!-

Così, mentre loro confabulano io mi abbasso sulla grande borsa che tengo ai piedi della sedia, ci rovisto dentro ed intanto lo fisso e mi ripeto che mi piace, mi piace, ma che non posso rischiare di sputtanarmi in un posto come questo, dove mi conoscono tutti.

Sono ancora chinata, quando lo vedo alzarsi. E' arrivata la moglie. Lui le porge la sua sedia e entrambi si seggono, salutandosi. Adesso mi da le spalle. Vigliacco. Allora esiste chi ti mette in riga! Ma se non puoi muoverti con lei accanto, ti aiuterò io! Contaci!

Lunedì.

Giornataccia, ma mi ci sono abituata.

Quella fa il week-end lungo: il lunedì non visita, se la prende comoda, chissà se stanno insieme o lui, finalmente, si fa un po' gli affari suoi. Walter mi ha detto che fa il traduttore, lavora in casa, forse ha molto tempo a disposizione e comunque se lo gestisce come vuole. Io, in ogni caso, mi piazzo un'oretta qui al chioschetto...visto mai che oggi la signora - psicologa dei miei stivali - non sia andata un po' in giro e lui passi di qua...

-Jessica,ciao!

-Oh, ciao Laura, non ti ho visto arrivare...dai siediti un po' con me, c'è un bel sole tiepido...non ho voglia di fare niente, stanotte ho dormito male e non mi va neanche tanto di andare in palestra. -

-Non ti ho vista all'entrata della scuola, oggi...ti ho anche cercata.

-No, oggi Lollo l'ha portato Stefano, te l'ho detto...mi sento stanchissima e quando ha suonato la sveglia...-

-Ah, allora non sai niente...-

-Di che? Che dovrei sapere?-

-Siamo tutte in subbuglio...-

-Ma dai, che è successo?-

-Oggi, avevo appena lasciato in classe Edoardo, che vedo un gruppetto di mamme fuori dal cancello...c'era anche Silvia in mezzo, più mi avvicinavo e più mi accorgevo che parlavano concitate, avevano certe facce serie...-

-Oddio Laura! Ma vai al sodo...che è successo?-

-Jessica, ti girano? ...Ci arrivo subito: erano tutte intorno ad Angela, che aveva gli occhi gonfi così di pianto...-

-La bambina...Martina, le è successo qualcosa?-

-Oh Jessi, ma mi fai parlare? Niente Martina:il marito. L'ha buttato fuori di casa perché ci ha un'altra!-

-Il marito chi? Francesco? Quello con la barbetta?-

-Oh, Jessi...ma sei proprio fuori oggi, ma veramente mi sa che non hai dormito per niente!!! Francesco lo conosci benissimo, l'anno scorso a Pescasseroli c'erano pure loro: Francesco ,"quello con la barbetta"come dici tu, e la moglie!-

-Sì, sì va bene….ma non è che li abbia tanto frequentati…Io e Stefano siamo stati su solo Sabato e Domenica…comunque dai, questo che c'entra, dimmi sto Francesco ci ha un'altra?Adesso? E vive con questa?-

Un sacco di pensieri veloci e confusi e 'sta qua si accorge che dico fesserie…forse quel soggettino tutta casa-mogliettina-bambina oltre a scopare con me ci aveva pure l'amica fissa, ma dimmi un po'!

-No, no pare che lei, Angela, abbia scoperto, dal telefonino, penso, che per un periodo è stato con un'altra e pure se lui le ha giurato e spergiurato che era finita lei non ci ha creduto e l'ha mandato armi e bagagli fuori di casa…poi, sai, io sono arrivata che già il discorso era iniziato…non ho fatto domande; Silvia, di corsa perché andava in palestra, mi ha detto due cose in più…ma come piangeva quella poveretta! Ad un certo punto ha piegato la testa sul fazzoletto ciancicato che aveva in mano, si è calata gli occhiali sugli occhi, ci ha voltato le spalle e se ne è andata…a piedi…-

-Laura, ma quest'altra chi è? Se ne sa niente?-

-Ah, io non lo so…te l'ho detto sono arrivata che già parlavano… ma che importanza ha?-

Mossa sbagliata. E domanda imprudente. Che me ne frega chi è? Mica sono la moglie di Francesco io..

-No, nessuna, hai ragione, mi sono immedesimata, a me al posto di Angela piacerebbe saperlo per rompergli i denti…questo dovrebbe fare invece di buttar fuori il marito di casa…ma sei sicura che lui se ne sia proprio andato? Scusa,il telefonino…-

-Rispondi pure, io vado a ordinarmi un cappuccino…-

-Si?...Sei pazzo!Lo sai che al telefonino non mi devi chiamare…dopo, dopo da casa. - Oh, Laura dai, continua a dirmi…no, niente l'imbecille della filippina che non trova la nota della spesa…-

-Eh, beh niente... Quanto ai fatti, sono quelli che t'ho detto...è che noi ci siamo rimaste proprio male...erano così carini insieme quei due, sposati giovani, giovani...-

-Proprio per questo...-

-Perché? Ah, pensi che stavano insieme da troppo e lui si è stufato...ma non sembrava, così uniti, lui che accompagnava la bambina quando lei fa il turno di notte...lo sai che Angela è infermiera, no? Tanti sacrifici per permettersi la scuola...da poco s'erano comprati finalmente la casa niente di che, novanta metri quadri, ma lei era così felice... e poi vai scoprire che in mezzo a tutto questo tuo marito se la fa con un'altra...dai, la delusione è grossa!-

-Delusione, delusione...quello ha trovato una che è meglio di lei, e non ci vuole molto, e si sarà fatto un paio di scopate...buttarlo fuori per così poco...-

-Ma, Jessica, a parte il fatto che mi sembri a dir poco cinica, come fai a dire "due scopate"? Che ne sappiamo? E poi la delusione ci sta tutta.-

Ancora errori. Non ho più la mia bella prontezza di spirito. Ci manca poco che a 'sta suffraggetta di Laura, le dica che l'altra sono io. M'ha spiazzato la telefonata di Francesco, quello stronzo, ma che mi vorrà dire... Forse avvertirmi che la moglie sa che sono io la presunta amante... Devo liberarmi di Laura e andare a casa a telefonargli...idiota, gliel'avevo detto di non chiamarmi al cellulare, troppo pericoloso...

-Mi senti, Jessica...oh, ma questa è proprio una strana mattinata, tu pure sembri più sconvolta di noi....mi meraviglio, sai, che non provi un po' di solidarietà con Angela, ti pare normale 'sta cosa? Proprio tu che sei così unita con noi altre, e poi, poi...in fondo, non ti pareva tenera quella coppietta, tutti e due più giovani di noi altri, con i loro problemini di famiglietta nuova, quella bimba che tenevano come un oracolo...e saranno pure due scopate, come dici tu, ma rompono un'armonia...-

Dio, che melensaggine! Eh, Laura è sempre stata una bigottella, e io ho sempre detto alle altre che dovevamo stare bene attente a come si parlava. Silvia, per esempio, fa sempre troppo la spiritosa ed intanto la sua storia della palestra è quasi diventata di dominio pubblico ...

-Su questo, Laura, ti do pienamente ragione...è che ne ho sentite tante, come hai detto tu, noi siamo più grandi...- *Mi sto riprendendo...*

-Mah, sarà che io e mio marito andiamo d'accordo, Jessi, a me le coppie che sopravvivono a corna, scopate fuori casa, mi sembrano di un'altra razza...insomma non vorrei proprio che capitasse a noi...e poi a me Angela non sembra tanto male, fisicamente, intendo. Poi a letto, ognuno sa i fatti suoi, certo.-

-Ah, io a Stefano gli caverei gli occhi...povera Angela! Deve stare troppo male, che dici le faccio un colpo di telefono? Oppure no, non mi sembra il momento...dammi notizie, per piacere e...come al solito se c'è da fare qualcosa, che ne so, per la piccola, posso prenderla e portarla a casa a giocare con Lorenzo...anzi, diglielo tu, se credi, se la senti: io, come al solito, lo sai, sono a disposizione.-

-Ah, sì, sì! Lo so Jessi, possiamo sempre contare su di te! Se è il caso te lo farò sapere...te ne vai?-

-Sì, vado a vedere che combina la donna, oggi avrebbe dovuto occuparsi dei vetri...ma se la mando a fare la spesa...dovrò farlo io...Ci vediamo domani, a scuola e... fammi sapere.-

-Francesco! Grazie a Dio sei in ufficio! Ma come cazzo ti viene in mente di chiamarmi al telefonino...lo sai che...-

-Jessica, piantala di fare l'isterica e stammi a sentire, è successo un casino, Angela sa della nostra...storia, diciamo, e...-

-Come "nostra"? Sa che c'entro io? Glielo hai detto tu, pezzo di cretino?-

-Sei proprio una strega! No che non gliel'ho detto e sa solo che c'è stata un'altra...ma non che sei tu...per fortuna ha detto lei stessa che non le interessa sapere chi sia...tanto, non mi vuole più vedere...sono fuori di casa...-

-Oddio, che piagnisteo! E tu per questo mi chiami mentre sono con altre persone, razza di incosciente! Tua moglie ha già messo i manifesti a scuola, perciò io già so tutto...sei sicuro che non sospetti di me?-

-Solo questo ti interessa, eh? Sei proprio una...No, non lo so bella mia se sospetti o no, quindi tieniti pure i tuoi dubbi, del resto se Angela fa due più due...-

-Che significa?-

-Significa che ha sempre capito che tipo sei, ha sempre detto che dietro a quei sorrisetti, a quella tua disponibilità verso le altre mamme, quel sembrare così premurosa con Lorenzo, si nascondeva un altro tipo di persona...troppo fanatica, diceva.-

-Eh, certo, lei non può permetterselo, di fare la fanatica, vale quanto la suola dei miei tacchi la tua sciapa mogliettina, tutta cerchietto e tacchi bassi.-

-Quando si lavora come Angela, tesoro mio, non si può andare in giro con i tacchi a spillo...e non ti permettere di parlar male di lei a me...tienile per te le tue malignità da lingua biforcuta...-

-Ma dì un po', pezzo di idiota, m'hai cercato per insultarmi? Cosa vai cercando? Che vuoi da me? Ti sei fatto beccare come uno scemo!-

-Non mi sono fatto beccare...gliel'ho detto io...perché non volevo che ci fossero segreti, ombre, adesso, adesso che Angela forse aspetta un altro bambino...ma che te lo dico a fare, che ne sai tu di queste cose...solo come svergogni quel bonaccione di tuo marito...Sono uno stronzo, all'andata e al ritorno...sono stato uno stronzo a venire con te e anche a dirlo a mia moglie, forse, ma col tempo spero capirà la mia debolezza ...oggi è sconvolta, tra noi cose del genere non erano mai capitate!-

-Oh, senti, io mi sono rotta e non voglio ascoltare le smielature della telenovela che mi sembra patetica...gliel'hai detto tu! Ma roba da matti…eh caro mio, lo dovevo capire che non c'era da fidarsi… troppe insicurezze, smaniavi per vedermi, ma avevi paura di tua moglie…ma, dì un po', adesso che vuoi da me? Perché mi metti in mezzo?-

-Avrei solo voluto dirti che non avevo fatto il tuo nome, che potevi stare ragionevolmente tranquilla, ma mi accorgo che non meriti un'attenzione così…sai perché farò in modo che Angela non sappia mai di te? Perché le darei solo un'altra delusione! Stammi bene, viperaccia!-

-Cosa hai? Stai bene?-

-Certo, si! Perché?-

-Non lo so, mi sembri pallida, nervosa…-

-Stefano, non sarà che tu trasferisci su di me i tuoi problemi? Io sto benissimo, perchè mi devi mandare storta la serata con le tue critiche, eh? Cosa c'è che non va? Stiamo cenando, stiamo insieme a fine giornata, lasciamoci in pace…-

-Cenando, dici? Hai fatto due fosse sulle guance! Mangi come un uccellino. Salti su ad ogni squillo di quel benedetto telefonino che, d'altronde, non spegni mai! Ma come fai a non far scaricare mai la batteria? Io non lo so, sarà nucleare quel tuo arnese! Hai ragione, comunque, non roviniamoci la serata! Tanto è inutile discutere di qualsiasi cosa con te! Hai una vis polemica che, a quest'ora, io non mi sogno nemmeno… Se mi passi la frutta, mangio una mela e vado a sedermi sul divano a vedermi un po' di tivvù…Ho la schiena a pezzi…Mangia qualcosa ancora, ti prego…-

-Ma sono strapiena…uffa!-

Si sono strapiena. Del tuo buonismo sicuramente. Sembri più un padre che un marito. Sono strapiena di tutte le cose che mi ronzano intorno creandomi angoscia. Quel fesso di Francesco ha messo il campo a rumore e questo mi infastidisce, tanto, troppo. Ho bisogno di acque chete per potermi muovere come voglio. Ed ho bisogno di potermi muovere in tutta libertà…Ne ho proprio bisogno. Meno male che Silvia mi ha tranquillizzata per quel che riguarda tutto il casino che è successo. Angela non ha idea di ciò che è stato tra me ed il marito: - Per adesso...- ha aggiunto Silvia. -...E' troppo frastornata dal suo ruolo di donna tradita, per avere la freddezza di ragionare sull'altra...- ha poi concluso.

Cazzo, se non avessi il telefonino sarei in alto mare, altro che... Fabrizio, pensare a Fabrizio.

Questo mi piace, mi da forza, mi fa superare momenti come questi. Sapere che è li che mi aspetta, immaginare che entro poco tempo potremo vederci, stare insieme, toccarci...Ecco se penso a lui non me ne frega niente di nessuno. Mi è entrato in testa, mi si è infilato nel sistema nervoso. Non posso prescindere dal correre alla finestra e guardare giù per vederlo. Se è qui sotto la giornata è già perfetta. Se lo riesco ad avvicinare, se riesco a respirare l'aria che lui respira posso sognare. Non vedo l'ora che passi la notte. Ogni mattina è un nuovo impulso, un'avventura, un gioco che mi droga, mi affascina... Adesso troverò il modo di avvicinarlo perché ha capito, ha ben capito che so aspettarlo e certamente non tarderà nel rivolgermi la parola.

Io salirò su quella macchina con lui e guarderò il suo profilo mentre mi porterà lontano, mentre parleremo dolcemente, mentre lasceremo indietro tutto!

-Stefano, amore, Stefano...ti sei addormentato! Dai andiamocene a letto...il tempo di rassettare un attimo la cucina....ci andiamo a fare due coccole, ti va?-

-Sì, sì...scusa, sono crollato...sbrigati...ce ne andiamo a letto...anche noi...-

-Come sto Silviotta? Come stanno i capelli?-

-Cosa è successo? Devi fare uno show? Mi sembri a posto! Sta arrivando l'amico tuo?-

-Ha appena rallentato...ho visto il tetto dell'auto... arriva...-

-Accidenti! Siete sincronizzati...-

-Eccolo!-

-Beh... è carino!-

-Abbassa gli occhi, tu! Questa e roba mia!-

-Per adesso la merce appartiene ad altri, anzi ad altre...Non mi sembra che tu sia riuscita a prenderti l'esclusiva...-

-Io non voglio nessuna esclusiva! Sono democratica, anzi di più...Sono una vera socialista, infatti sono pronta a dividerlo con chiunque se lui, dopo avermi assaggiato, trovasse che ne possa valere la pena...-

-La modestia è sempre stata la tua qualità peculiare, eh Jessica?-

-Ma non lo vedi come è puntuale, come si fa trovare, come compie il suo dovere di uomo innamorato? E' stracotto!-

-Ha fatto amicizia con Walter... Vedi come se la ridono? Speriamo che non abbia dei gusti "particolari"...Mi sento male dal ridere se ti dovesse capitare una cosa simile...-

-Ma adesso che fa?-

-Se non lo sai tu!-

-Va via! Ma come sarebbe?-

-Eh si mia cara, se ne sta proprio andando!-

-Hai fatto caso se si è voltato a guardarmi?-

-No.-

-Ma che ci stai a fare qui con me se non ti accorgi di niente. Io l'ho visto fissarci! Chiaramente!-

-Ma se aveva gli occhiali da sole...Come capperi hai fatto a vedergli gli occhi da questa distanza?-

-Li ha sollevati per un momento...-

-A me non è parso!-

-Tu sei lenta! Ti fanno difetto i riflessi!-

-Va bene, va bene ti ha fissato.-

-Non mi devi mica dare il contentino, sai? Penso che ti possa fidare di quello che ti dico. Senti, perché non fai un salto oltre l'angolo per vedere se si è seduto in macchina? Magari mi sta aspettando in auto davanti al portone...-

-Jessica...andiamo...come i ragazzini!-

-Ti prego, ti prego, ti prego! Io ti ho sempre aiutata...non puoi tradirmi! Vai su! Silvia...si tratta solo di affacciarsi oltre l'angolo! Dai... che lo devo sapere subito!

-Siete due buffoni! Senza alcun dubbio!-

-Vai invidiosa! Vai, oh!-

-...-

-E allora?-

-Nobody is there! Non c'è!-

-Come mai?-

-E cosa vuoi che ne sappia io...La tua razione di filarino te la sei presa...Sarai contenta, no?-

-Si ma dovrà spiegarmi il motivo per cui se l'è squagliata!-

-Dovrà pure occuparsi del suo lavoro, non ti pare? Avrà da fare! Non pretenderai che stia sempre a tua disposizione!-

-Però questa cosa non mi piace...Starà male...sarà influenzato...febbre alta...cretino!-

-Dovrai aspettare lunedì prossimo per rivederlo.-

-Lunedì, e perché?-

-C'è il ponte per le festività...-

-Cazzo! Non lo sapevo...Ma scusa un attimo...Se è andato via avrà preso su pure la moglie... Quindi...fino Lunedì... anzi martedì...Che sfiga!-

-Accontentati di questo bel sole. Rilassati...Avete aspettato tanto...Vogliamo organizzarci per questi giorni di festa? Cinemino? Cenetta? Gitarella al mare?-

-Tu non ti sei accorta per nulla di quando mi ha guardata?-

-Ricominci?-

-Mi ha guardata, ti dico-

-Camomilla per due...così non si litiga! Chiamo Walter?-

E' un cane quel Fabrizio. Uno sporco cane di merda. Cosa ha voluto dimostrare oggi, quando nel pomeriggio al chiosco ha voltato la sedia per darmi le spalle? E' la seconda volta che non mi quadra! Cosa cazzo si è messo in testa? Di potermi prendere per il culo, forse? Davanti alle mie amiche, per giunta! Nemmeno un'occhiata, niente. Cosa gli è preso? Cerca di farmi sgrezzare quando sono in compagnia? Si sente troppo fico per una come me? Pensa forse di rifiutarmi? L'ho aspettato per quattro giorni con la storia del ponte festivo. Si ripresenta, come il Conte di Montecristo, abbronzato, tirato, mi vede, si siede e mi da le spalle. E' forse tornato dal viaggio di nozze con quel barattolo di moglie che si ritrova? Hanno fatto i fidanzatini? Ha cambiato idea su di me? Domani non me lo filo per niente! Passo solo per vedere se c'è e poi proseguo, senza fermarmi.

Ormai lo sanno tutti che da mesi sta lì per me. Laura, Flavia, Silvia, le altre…ognuna di loro lo ha visto diecimila volte in auto posteggiato davanti al mio portone, oppure seduto al bar molto vicino, troppo vicino. Non è possibile sprecare così quel che abbiamo costruito con delicata complicità, con vaghi, impercettibili accordi. Non può essere che la mia figura gli sia svanita improvvisamente dalla testa. Deve esserci un perché! Lui si rende perfettamente conto di quanto valgo.

Forse, forse è stato spaventato. Ecco, si! Forse la moglie, la moglie ha capito qualcosa, ha captato i nostri fremiti, si è accorta che lui si stava staccando a poco a poco… Abbiamo sbagliato entrambi a farci trovare qui all'ora di pranzo…Certo… c'era sempre lei… lei… lei e, in tal modo ha potuto fiutare il pericolo, la donnetta. Avrà tirato le briglie, la stronzetta…Fuoco di sbarramento si chiama. Ma io le scarico due bordate che la sistemeranno…la dottoressa dei miei…ma chi è? Amica di Walter e poi? Magari non vale niente nè come moglie, nè come…ma cosa fa? Psicologa, sociologa, analista…e se mi informassi?

Vuoi vedere che si scopre che ha solo due clienti, o pazienti, o fessi? Non ti devi mettere in mezzo, non devi neanche apparire...lasciami stare, non mi fare incazzare...non ti conviene!

Ho già fumato cinque sigarette. Sono sola, attorniata da persone che si stanno godendo l'arietta della sera. Walter va avanti e indietro tra i tavoli e promette a chi ha poca pazienza che presto prenderà un ragazzo che lo aiuterà nel servizio. Fabrizio non lo vedo da molti giorni e sto male. Veramente. Non capisco più i suoi orari, ne quelli della moglie. Due fantasmi. Incomprensibile. Sono stanca e molto avvilita. Ma non mi do per vinta.

E' davanti a me un bicchiere di birra. Me ne frego stasera. Ho sete ed il fumo aumenta la sensazione di secchezza.

Non il solito grosso boccale, pesante, con un bordo grossolano, farinoso, su cui poggiare le labbra.

Ma un bicchiere di vetro. Levigato, trasparente, fragile e leggero. Dunque per scelta del suo creatore, sottile. Nel vederlo colmo, può suggerire alla mente le grazie di una figurina femminile in abito lungo, di raso, luccicante e sinuosa. Immaginandolo, invece, vuoto e voltato, poggiato di conseguenza sottosopra, avrebbe certamente mostrato le sembianze di un tulipano, reciso però del suo stelo e per questo, rimasto senza linfa, caduco e triste.

D'altra parte, questa ultima evenienza avrebbe reso inutile la sua partecipazione al gioco che le mie dita perpetuavano di li a pochi centimetri.

Come sarebbe potuto accadere, infatti, che un bicchiere vuoto e per di più voltato avesse mai potuto regalare emozioni a dei polpastrelli in cerca di refrigerio? Quali labbra, inoltre, sarebbero mai state spinte dalla soddisfazione di lambire un contorno arido, facendosi esse stesse foriere di una spugnosa umidità evidenziata in un segno inutile che, dissolvendosi in pochi attimi, avrebbe scoraggiato perfino lo sguardo e, con esso, il più generoso dei pensieri?

Fortunatamente il bicchiere che mi era davanti era ancora pieno! Il mio dovere, ora, sarebbe stato soltanto quello di trarne, centellinando, il dovuto appagamento. Unico, vero piacere concesso nel calore di tale sera. Forse per questo motivo ancora esitavo nell'afferrarlo, con dolcezza s'intende, portarlo alla bocca e dissetarmi. Non avrei voluto ingurgitarne il contenuto con veemenza accorciando il tempo per convincermi che l'attesa fosse divenuta inutile. Lasciare un piccolo residuo, infatti, permette di attendere e la stessa attesa perpetua la speranza, moltiplicando il respiro, fino ad affannare ma senza singhiozzare una sconfitta!

Cosa, quest'ultima, assolutamente deprecabile!

Con lui, col mio bicchiere amo molto di più giocare con la punta delle dita. Ed attendere… Toccare il vetro sempre più appannato, lasciare un puntino su di esso, un misero puntino a testimonianza dell'avvenuto contatto, mai un segno maggiore, non uno sghembo graffio, ma una traccia, un'orma rispettosa che possa somigliare per dimensioni a quei frammenti di aria che nel liquido si dibattono sul fondo, vibrando fino a riuscire a staccarsi per perdersi con perfetta verticalità nell'abbraccio con la madre schiuma. E, giocando, mi beo del colore del contenuto. Dove ancora posso ammirarlo, lì, tra gli interstizi lasciati liberi dal suo sudore, cerco e trovo l'oro. Sì, l'oro. Completo, scintillante, armonioso, liturgico. Da quella limpidezza lo sguardo, abbagliato trapassa, sino a ritrovarsi tra gli oggetti intorno. Tutto, nella trasparenza, appare filtrato, tinto, contaminato da quel iniziale riflesso. Il misero giardino stupisce e risplende e gli occhi, almeno quelli, ne godono. Di quel piacere divengo ben presto ebra, per poi ricadere nella realtà, nella scontentezza.

Quando mi giunge la voce di Walter sono lontana.

-Jessica ehi…non ti vedo in forma…-

-Da che lo deduci?-

-Potrei avere una figlia della tua età…Mi capisci?-

-L'avresti voluta una figlia come me?-

-Perché no?-

-Non penso che tutti mi avrebbero dato la stessa risposta.-

-Se tu mi avessi dato la possibilità di darti qualche sculacciata in più…-

-Io sono una brava ragazza ed una buona madre…-

-…Se lo dici tu…-

-…Walter….ma, mi chiedevo….quell'Antonella, non si è più vista? Quella che dici che fa la psicologa...-

-Ho capito, ho capito…-

-Perché ridacchi?-

-Perché non si è vista no… E neanche il marito…-

-Oh, certo…stanno sempre insieme!-

-Appunto…te ne sei accorta…-

-Beh, se mi prometti di non uscirtene con Stefano…lui, il marito, viene, anzi veniva, anche da solo, sotto casa mia….-

-Jessica, scusa se ti interrompo…ma allora sono costretto a dirti qualche cosa….posso sedermi? C'è meno gente adesso…possiamo parlare un attimo in pace!-

-Allora siediti e prenditi una cosa…sei mio ospite!-

-Ecco vedi…non ti devi offendere…ecco non sono fatti miei, ma noi ci conosciamo ed è vero che siamo un poco affezionati l'un l'altro…no? Io ti ho un po' seguita in questi ultimi tempi, seguita nel tuo modo di fare, nel tuo modo di comportarti e so che sei scontenta, so che non ti va bene, e, forse, so anche il perché….-

-Interessante Walter. Che succede ora?-

-No, non ti impuntare! Ho chiesto il tuo permesso, per parlarne intendo…ma sai quel tipo lì Fabrizio è una persona normale…-

-Anche io, anche tu...siamo tutti e due persone normali se mai dovessero esistere persone "super"! Che dobbiamo fare? Che c'entra quel tale, Fabrizio?-

-Jessica, loro si vogliono bene e sono molto uniti, mi capisci?-

-Affatto!-

-Sarò più chiaro! Fabrizio mi ha fatto capire con chiarezza che non verrà più al mio bar perché questo posto gli ha creato dei problemi con la moglie. Lui dice che c'è una tizia che gli gira intorno e che Antonella, la moglie, se ne è accorta.-

-Scusa, ma che centro io?-

-Diciamo le cose come stanno o ci prendiamo in giro?-

-Non capisco...-

-Se ne è accorto lui, lei ed io.-

-Stronzate!-

-Antonella la conosco da una vita. Non mi direbbe mai delle falsità. Racconta che una sera d'inverno, piuttosto buia, tirando le tende dello studio ti ha visto che stavi in balcone tutta vestita di nero, con i capelli raccolti da un cappuccio nero, a luci spente sia fuori che nell'appartamento ed osservavi suo marito seduto in macchina. Non me lo avrebbe mai detto Antonella, se non fosse stato vero...-

-Quindi...quindi...una sta a casa propria e non si deve affacciare al balcone perché quella tipa si fa chissà quali fantasie! Questa è bellissima...Walter hai bevuto da poco, ma quanto?-

-Lui anche mi ha detto che ogni volta che arriva qui, tu appari come d'incanto... che quando aspetta la moglie in macchina, sotto lo studio - bada, non sotto casa tua - gli basta contare fino a dieci e il più delle volte ti vede scendere...dice che all'inizio lui e la moglie ci ridevano su, poi...-

-E' lui Walter, è lui che mi corre dietro...Mi dispiace per la tua amica ma ha un marito che è un puttaniere. Fa lo stronzo con tutte...Dai...dai, domanda alle mie amiche! Domani domanda alle mie amiche! Se le guarda tutte, ma dato che io per sbaglio, gli ho buttato la qualche occhiata si è fissato con me. Mi dispiace Walter, mi dispiace! Io ti stimavo e ti credevo un amico, ma se tu sei pronto a schierarti contro di me, credendo alle bazzecole che racconta una coppietta di sfigati per salvare la faccia, beh...allora...Ma ti sembro donna io da abbassarmi a questi livelli...dai rispondi?-

-E' che io conosco molto bene Antonella, come ti ho già detto…-

-Ma non capisci che lui dice così per salvare la faccia con la moglie?-

-Se mi sono sbagliato…se ho sbagliato, ti chiedo scusa. Questo non toglie il mio rispetto nei tuoi confronti…Io ho voluto solo chiarire di che pasta erano fatti quei due! Così, per dirtelo!-

-Brutta pasta…-

-Scusami ancora…-

-Noi ci vedremo domani! Sai perché? Perché io non sono affatto offesa, perchè io, io non ho colpe…Sono loro che non si fanno più vedere dopo che, evidentemente, mi hanno calunniata. Scappano…E' lei che è gelosa…Scappano perché la moglie avrà vietato al caro Fabrizio di sedersi qui…che ci stava a fare davanti al mio portone per mesi e mesi…seduto in macchina voltandosi a destra e a sinistra? Lo sai tu? -

-Aspettava lei, dopo le visite, dopo le sedute…-

-E lei aveva bisogno dell'autista? Ma andiamo! Non ho parole…-

-Si, ne aveva bisogno! Per un guaio successo in curva…Un sorpasso, un errore e la conseguente sospensione della patente… Così so io…-

-Ma a chi la vogliono dare a bere!. Io non ce l'ho con te Walter ma sono certa che ti hanno preso in giro…e te lo dimostrerò, molto, molto presto…Ciao, per adesso…-

Eccola Jessica. E' pronta. Esce di casa. Da una mandata alla serratura, sale in ascensore. Osserva il trucco, osserva i capelli e le punte degli stivaletti. Moncler, jeans ben piantati in vita. Spalanca la porta a vetri dell'ingresso e lascia che sbattendo rimbalzi tremolando dietro di lei. Destra, sinistra può attraversare la strada. Apre il compasso delle lunghe gambe ritmicamente, senza più guardarsi intorno, sale sul marciapiede opposto, si ferma ed allunga un braccio. Con sicurezza preme il pulsante del citofono luccicante che ha davanti.

-Terzo piano, prego…- Risponde una voce femminile, nasale.

Scatta la serratura del portone.

Ascensore occupato. Aspetta, poi va su per le scale.

-Buongiorno signora…- Biascica sbadatamente una giovane donna seduta dietro un largo tavolo, tutta intenta a sfogliare una piccola margherita di documenti.

-…'Ngiorno, scusi, vorrei un'informazione…-

-Dica pure…se sono in grado di…- Risponde alzando lentamente la testa.

-So che lo studio medico è stato aperto da poco tempo, sbaglio?-

-No, non è molto infatti che siamo qui!-

-Vede, ho mia sorella che è in psicoterapia presso un medico che visita in uno studio fuori mano, molto lontano, anzi, lontanissimo da dove viviamo. Pensi che mia sorella abita a due traverse da qui, poco oltre il supermercato, quasi attaccata al supermercato. Allora…io volevo sapere se nel vostro studio potevo trovare uno psicoanalista, psicoterapeuta che…-

-Mi scusi signora se l'interrompo…Certamente! Presso di noi c'è una dottoressa, psicoterapeuta ma…la richiesta è un po' particolare…dovrebbe, comunque parlare direttamente con la dottoressa. Mi scuso ancora, sua sorella è maggiorenne?

-Perché?-

-Perché, in caso non lo sia, posso prendere un appuntamento solo se accompagnata dai genitori, in caso contrario deve essere il paziente stesso a richiedere la terapia…posso, comunque, sentire la dottoressa Mariotti, domani e farle sapere…-

-No, no mia sorella ha venticinque anni ma è in uno stato tale che non prenderebbe mai un'iniziativa. Inoltre la distanza con il medico le provoca molti disagi per gli spostamenti e quindi, per evitare che smetta di curarsi, anche d'accordo con l'attuale terapeuta, abbiamo deciso di cercare qualcuno che possa seguirla vicino a casa…-

-Ma certo…In ogni caso la dottoressa riceve su appuntamento nei giorni prestabiliti con il paziente, non il sabato se non in casi estremamente urgenti…Se lei mi lascia il suo nome ed un riferimento telefonico…la dottoressa Mariotti sarà qui domani…mi lasci vedere…Domani? Domani? Ah… ecco, alle undici e trenta. Può telefonarle al nostro numero verso le undici e quindici prima che inizi la seduta.-

-Si…grazie…Ma, come ha detto che si chiama la dottoressa?-

-Mariotti.-

-Antonella Mariotti?-

-Si, esatto!-

-Piuttosto alta, biondina?-

-Si, è lei ma perché?-

-Oh, deve scusarmi…Io proprio non pensavo…-

-Prego?-

-No, niente! Non credo che sia il caso di far seguire mia sorella da questa signora!-

-Va bene! Come vuole! Allora non so proprio cosa dirle.-

Stupenda Jessica nella sua recitazione. Gli occhi divengono due spilli. La voce scende di tono ed il labiale soffia tutta la sua falsa spontaneità.

-E' cosa delicata…molto…non vorrei avventurarmi in un giudizio che non mi compete…ma sa…quando c'è di mezzo la salute di una persona…quando, per una depressione mal curata c'è qualcuno che perde la vita…No, no, mi scusi ancora, ma io non ho il coraggio di affidarle mia sorella. Preferisco scarrozzarla da un punto all'altro della città, piuttosto che metterla nelle mani di una persona sfiduciata non solo da me, badi bene, ma da tutto un quartiere…Sa, dove esercitava prima di venire qui…Io la ringrazio molto delle informazioni, davvero. Mai come in questo caso mi sono state utili…Mi raccomando! Che la cosa rimanga tra noi! Sono incidenti, cose gravi, ma che, purtroppo, possono capitare…-

-Signora, libera di avere le sue opinioni ma io qui svolgo solo il mio lavoro e le posso assicurare che i nostri medici sono seri e accreditati, se non le dispiace devo rispondere a una chiamata che è in attesa...-

-Certo, mi scusi del disturbo e arrivederci. -

Certo, il piacere del cibo è un senso sconosciuto. Anche i sapori forti sono perduti al gusto, tanto che a volte, richiamati da uno stimolo imprevisto, lo stomaco entra in subbuglio fino a dispensare nausea. Eppure il movimento delle labbra che appare sulla bocca di Jessica è molto simile a quello di colui il quale si è appena cibato avidamente di una pietanza succulenta. La carica libidica viene così saziata sostituendo senso a senso, piacere a piacere.

Tumide, rosse, imperlate da un velo di saliva, si schiudono in un sorriso vagamente accennato per poi ripetutamente accavallarsi soddisfatte e venire sfiorate dalla lingua che di nuovo le bagna per renderle morbide, succose.

Come il bulimico che trae piacere dal trangugiare, così Jessica ingoia mordendo, azzannando, dilaniando e gode e cammina, aprendo adesso con violenza il compasso delle sue lunghe gambe e pensa e, ancora, segue l'Impulso credendo sia Ragione.

Piomba da Walter. Saluta. Chiede che il caffè le sia portato fuori, al tavolo. Si guarda intorno, adocchia Vittoria seduta in disparte.

Le giunge alle spalle, la fa sobbalzare.

-Dio... Jessica, non ti ho sentito arrivare...Mi hai spaventata...-

-Sono a dir poco stralunata...-

-Stralunata, dici? Cosa intendi?-

-A me capitano di tutti i colori...-

-Cosa ti è successo?-

-Guarda cosa ho trovato nella mia macchina.- Rovista nella borsa e appare un piccolo foglio, stretto tra le dita ferme, non certo tremolanti.

-Cos'è?- Chiede ingenuamente Vittoria

-Leggi, leggi...-

-"Ti amo". Questa si che è bella! Chi te lo ha dato?-

-Nessuno me lo ha dato! Era in macchina, accanto ai pedali!-

-Hanno forzato la porta e lo hanno buttato dentro?-

-No, per fortuna, no! C'era un piccolo spazio lasciato dal vetro non del tutto chiuso…Deve averlo infilato da li.-

-Deve, chi?-

-Non lo immagini?-

-Quel tizio che stava sempre qui con la moglie?-

-Questa volta la moglie non doveva esserci…Cosa vi dicevo qualche giorno fa? E' sempre lui, non riesco più a togliermelo dalle palle! Pensa se Stefano fosse entrato in macchina con me! Pensa cosa sarebbe potuto accadere…pensa a Lorenzo, Lollo, in tutto il casino che una situazione del genere provoca! Fammi fumare…hai una sigaretta, scusa?-

-Ma certo,aspetta…tieni… Vuoi accendere?-

-Si…-

Fu allora che Jessica si accorse di un piccolo segno di biro lasciato sulla punta dell'indice della mano destra. Così, senza far parere, portando il dito alla bocca, leccò, succhiò, rapidamente e strofinò infine su i jeans la virgola blu, traditrice, fino a farla sparire. Poi riprese:

-Dovrò fare una denuncia…-

-Ma non hai prove contro quel tizio…-

-Beh, voi tutte sapete, perché lo avete visto, che quello sta sempre qui!-

-Ma non ti ha mai dato fastidio! Non l'ho mai visto nemmeno rivolgerti un saluto!-

-E' la tecnica di questi tipi malati…Loro sanno come non insospettire…Oh…io rischio che da un momento all'altro possa saltarmi addosso! Tu che faresti, scusa?-

-Beh certo…vista così…-

-Walter non mi porta il caffè, oggi…Che gli è preso?-

-Vuoi che vada a ricordarglielo?-

-No, no, non mi lasciare sola…Sono preoccupata, tanto… Aspetterò. Ma le "altre" dove sono? Devo dirlo a tutte!-

Passa qualche minuto. Arriva il caffè di Jessica. Fumante, poggiato su di un vassoio di plastica ben equilibrato tra le mani dell'anziano Walter. E' inconsueto come si guardano i due, quando le viene servito nello spicchio del tavolo da lei occupato. Come quegli sguardi si incrociano, come non ci si intende. Modesti gli uni, infami gli altri.

C'è nei pensieri di Walter l'abbrivio ad un ricordo di generazioni passate, di comportamenti eleganti di quando, ragazzo, serviva al Gran Cafè del Corso, tra clienti ben vestiti, che conversavano a voce bassa, talvolta bisbigliando, tanto da rendere necessaria una maggiore attenzione da parte del personale per non eccedere nel rumore con le stoviglie. Alle volte, nel porgere l'ordinazione richiesta, nel poggiarla sul tavolo era costretto a chinarsi, avvicinandosi in tal modo ai vestiti degli avventori e, molto spesso, si compiaceva di quel leggero effluvio di profumo che proveniva dagli abiti fruscianti. Nella sua mente, ora, il piacere di gradevoli nostalgie, nelle gambe la stanchezza di un presente divenuto mediocre, nei suoi occhi la fissità resa dal dubbio che il tempo trascorso non gli permetta più di riconoscere chi ha di fronte.

Jessica gli indirizza bagliori di sfida con lo sguardo impertinente, quasi che quel piccolo uomo debba sottostare al suo volere, senza indugiare, senza preservare l'ultimo antagonista dalla verità da lei proclamata. E' pur sempre una vera signora, oltre che una mamma, a sostenere quel che afferma con decisione e molteplicità di argomenti.

E' pur sempre lei che elargisce a fine mese una mancia corposa e tanto basta a sottolineare la differenza di ruoli che non possono assolutamente essere messi in discussione. Ed è certa che la realtà da lei riferita sia incontestabile quando lancia un ultimo sguardo a quei pantaloni neri, sciatti, ormai lucidi che, con piccoli passi, tornano verso l'interno per scomparire ancora una volta dietro il bancone.

Così, senza far parere, sorride lievemente.

-Che palle piove pure oggi!-

-Vabbè,Vale, che ci importa? Dentro si stà anche bene...-

-Sì, parli bene tu che non fumi...Jessica non si è vista ancora?-

-...Sarà dietro alla finestra...-

-Che dici,Vittoria? Perchè ridete tutte? Eh, dai...voglio ridere pure io. -

-Ma che non la sai la storia dell'innamorato che la perseguita? Credevamo che la notizia del mese fossero le corna di Angela e invece...-

-E dai che ricominciate tutte a ridere...Vittoria, continua non so niente...-

-Povera, la nostra Vale, certo tu vieni raramente, però che Jessica continuasse a dire che quel tale, quello che stava qui con la moglie, alto con la macchina bianca...le corresse dietro, fosse pazzo di lei, le facesse le poste sotto casa, questo lo sai, no?-

-Sì, c'ero anch'io un pomeriggio, qui con i bambini e lei me lo ha indicato...ma, sinceramente, io ho visto uno che si prendeva il caffè con la moglie, credo...-

-La psicologa...-

-Dai, Flavia non interrompere, è chiaro che Valentina non sa il seguito...che dicevi Vale? -

-No, scusa, io volevo solo dire che quando Jessi me l'ha fatto notare non ho visto niente di strano. Dai continua,Vittoria. -

-Beh, l'altro giorno lei mi piomba addosso come un falco, che mi sono pure spaventata, era fuori di sé e mi fa vedere un foglietto con scritto "ti amo", diceva di averlo trovato in macchina...era sovreccitata, mi ha chiesto di non lasciarla sola...insomma proprio una bella svolta nella vicenda, dì la verità, Valentina, che stamattina quando sei arrivata non te l'aspettavi una puntatona così forte, eh ? -

-Mah, e lei dice che glielo ha messo quello là? Come fa a esserne sicura, la macchina era aperta? Laura tu ne sai niente? Forse dovrebbe…-

-Sentite ragazze, è mezz'ora che parliamo di questa faccenda, anzi parlate…io vi sono stata a sentire, proprio, forse, per non dire quello che penso…Però visto che tu racconti con malignità, fattelo dire,Vittoria, Flavia ride e ci mette il carico, bene adesso ve lo dico io quello che penso, penso che sia un gran cazzata! E che in fondo, in fondo lo pensate anche voi ma nessuna vuol uscire dal giochetto perché passate, per onestà dovrei dire "passiamo", il tempo a dire vere stronzate! -

-Che linguaggio, Lauretta, stamattina! -

-E che quando ci vuole, ci vuole…siete ipocrite, o conniventi…io no lo so. Jessica o è fuori o è… Beh, non mi fate dire di più…no, Vale non te lo dico quello che penso perché altrimenti quando mi alzo chissà che dite di me!-

-Ma dai Laura che c' hai? Per farti vedere che non sono ipocrita ti anticipo: penso anch'io che Jessi abbia esagerato per farsi bella con noi…che magari quello l'ha solo guardata e…-

-Solo guardata, dici, Flavia, solo guardata…ma non te lo ricordi un giorno che eravamo qui quello che faceva Jessica per farsi notare da lui, strillava con la voce di una isterica…e ci coinvolgeva…io, io mi sono vergognata. -

-Oddio, Laura, e c' ha ragione Jessica a chiamarti bigottella, "…ti sei addirittura vergognata…" Ma figurati!-

-Vittoria, ripeti un po', come mi chiama la vostra Jessi, bigottella? E allora te lo dico io come la chiamano la vostra amica scostumata? Ve lo dico io, ve lo dico "La pornomamma", ecco come la chiamano…e ci sarà pure una ragione, no? Meglio passare per bigottella, poi in mezzo a voi ci vuole ben poco a sembrare bigotte!-

-Non raccogliamo, vero ragazze? Calmati perché hai detto una cosa che è più succulenta del biglietto del presunto mostro.-

-Ecco, vedi come sei, Flavia, pure tu che gli fai tanto l'amica a Jessica 'sta cosa che ti ho detto ti solletica, vero? La chiamano così e non insistere perché non ti dico altro...del resto l'ho sentito da poco...ma già a me non me la contava giusta, da quando ho visto le reazioni di lei sulla faccenda di Angela e Francesco.-

-Ma...vuoi dire che con Francesco...Oddio, no! Era lei quella che era andata con Francesco? -

-Vale, io non ho detto niente del genere...non precipitiamo, non voglio guai: sto dicendo che di fronte a quella storia lei ha avuto una reazione cinica, con certe frasi che mi hanno gelato...specie su Angela. Un paio di giorni dopo, ho sentito quel soprannome...la sfottevano ...la indicavano...-

-Ma chi erano? Li conosci?-

-T'ho già detto, Flavia...non dico altro, non voglio...-

-Shh!! Zitte, guardate chi arriva, Vittoria guarda tu, che io non posso girarmi...-

-La psicologa. -

-Vai, Valentina, avvicinati al banco...senti un po'di che parla con Walter...Jessica dice che non si fanno più vedere in giro perché lei è gelosa...Vai,Vale, a te non ti ha quasi mai visto.-

-Ma,Vittoria, no, dai, non mi ficcate in mezzo, che poi magari Jessi vuole sapere, ci ricama sopra...-

-Bene, grazie, vado io...Flavia non si tira mai indietro per le amiche, vedi, Laura, gli ipocriti sono un'altra cosa... -

-Valentina, dì la verità, ti sembriamo tutte matte? -

-No,Vittoria, è che tutta questa storia avrà preso una piega che io non sapevo, non mi va di coinvolgermi. Tra l'altro, se ho capito bene, e ora la riconosco, quella signora ha lo studio dove c'è il pediatra di mio figlio, l'altro giorno ero lì e l'ho vista arrivare. Lo studio è nuovo, pochi mesi, sono cinque medici...lei è psicoterapeuta...ho...ho letto un pieghevole in sala d'aspetto c'ha un sacco di specializzazioni: disturbi dell'alimentazione, terapia familiare…ecco Flavia che torna! Allora?

-Curiose, eh? Non vi dico niente…ma sì, sono un'ipocrita di buon cuore, io, vero Lauretta, bigottella?

-Oh, senti, Flavia: o la pianti o me ne vado…-

-Zitta e senti le novità: la signora psicologa vuole organizzare una festa a sorpresa per il marito…il perché non è dato a sapere, compleanno, presumibilmente, e stava chiedendo a Walter se Lucilla…lo sapete che ha un catering la figlia di Waler, no? Insomma voleva sapere se Lucilla poteva portargli a casa antipasti, e torte rustiche…di più non ho sentito perché il mio bicchier d'acqua non era eterno e mi sta pure sciacquando nello stomaco adesso...eh, cosa non si fa per le amiche…appena questa esce telefoniamo a Jessica. Che ne pensi Laura, saggia del gruppo? -

- Se proprio glielo vogliamo far sapere, visto che se la vostra Jessi sta così fuori di testa, sarebbe meglio, magari, parlarne prima con Silvia. Loro due sono inseparabili e certamente lei saprà meglio di te quello che è il caso di dire…Badate bene che se dovesse uscir fuori la storia del soprannome che ho sentito, so già con chi prendermela…e state un po' in campana, nessuna di noi ci guadagna, da tutto sto casino, in fondo è solo un mucchio di chiacchiere…attente poi… chi di voi ha fatto caso a come ci notava Walter? Tu credi che non abbia capito che ti sei avvicinata al bancone per impicciarti? Vi devo proprio insegnare tutto, santo Dio! Dai, Vale accompagnami al supermercato che io non lascio la lista alla filippina…-

Se ti sedessi ancora davanti a me! Io ti allaccerei silenziosamente, starei con te, giocherei ancora ogni giorno con i tuoi occhi lunghi, dandomi a te, privandoti di me. Vigliacco, non ti ho più visto! Prendi ordini. Prendi ordini da tua moglie che ti ha vietato di apparire da queste parti. Lei ti ha ben istruito e tu, vigliacco, hai rinunciato ai tuoi sentimenti, hai buttato via all'improvviso tutto quello che avevamo costruito insieme. Che tu non avessi coraggio lo sapevo bene. Me ne ero accorta dalle tante volte che avresti potuto sillabarmi una parola, porgermi un saluto, ammiccare un sorriso. Sei sempre stato ignobilmente fermo. Hai sempre temuto che qualcuno potesse riportare alla tua Antonella quel che accadeva fra di noi. O forse, forse tu aspettavi che fossi io a farmi avanti, dimenticando che sono una signora, una vera signora e certe cose non possono partire da me. Non si è mai verificato. Ti sarebbe piaciuto che ti avessi raggiunto dietro il primo angolo della strada, ti avessi chiamato con una scusa banale, ti avessi fermato e fissandoti ti avessi fatto capire le mie intenzioni. No, amore grande, eri tu che dovevi conquistarmi, fami ridere, divertirmi, corteggiarmi, prendermi! Del resto è ciò che tutti gli uomini che incontro vorrebbero fare con me ed anche tu avresti voluto, perché io so bene quanto mi desiderassi anche senza poterti esprimere. Mi sono impossessata di te da subito, d'altronde quanto avresti potuto resistermi?

Seduta accanto alla finestra, Jessica, vedeva nel riflesso schiudersi le sue labbra a quel pensiero. Parlava con se stessa pronunciando sottovoce quel che avrebbe detto a lui. Ed ancora lo cercava nella strada. Cercava la macchina bianca, allungava il collo per vedere meglio; toglieva con le dita quel leggero velo depositato dal suo alito sul cristallo, accendeva, poi, una sigaretta e tossiva acerbamente. Infine si spostava, sedendosi sul divano, accavallava le gambe e si ripeteva di essere una signora, una mamma, una bella persona cui da tutti era dovuto il massimo rispetto.

Ogni tanto poggiava il capo e chiudeva gli occhi, stanchi di osservare ed a loro si accompagnava la spossatezza di tutto il corpo, fiaccato dalla continua inquietudine, dalla esosa ricerca di un inganno, dalla faticosa conquista di quel che a lei sembrava dovesse essere ottenuto per naturale diritto. Con questo pensiero si scuoteva e ricominciava a tentare una reazione. Si alzava, quindi, ed afferrava il telefono, per cercare di fare, di portare a termine qualcosa, per punire lo scellerato che le sfuggiva ma, ma non aveva armi, non idee, nulla.

Fu in uno di quei momenti che il telefono che teneva tra le mani iniziò a vibrare.

-Chi è?- Chiese con apatia

-Vecchia mia…Sono Silvia! Cosa combini con quella vocetta pigra? Dove sei? -

-Ciao bella! Sono a casa, e tu?-

-Sto andando dal fornaio…Il massimo del divertimento…-

-Mi vuoi chiedere di venire con te, per caso? Ti dico subito di no!-

-Non ci penso nemmeno…Comunque grazie tante eh… Invece…ascolta…ti ho telefonato tipo missile, perché ho parlato un attimo fa con Flavia ed ho saputo una cosa interessante…-

-A quale proposito?-

-L'unico di cui valga la pena di parlare, amore mio!-

-Cioè?-

-L'amico nostro, Fabrizio…-

-Quello stronzo!-

-Proprio lui! Beh…la moglie gli sta preparando la festa… domani sera, pare…No, non come vorresti tu, taglio della gola, taglio degli attributi, eccetera…gli sta preparando una festa a sorpresa per il compleanno e sembra che si sia rivolta a Walter la cui figlia…-

-…Ha messo su un catering con altri due…-

- Questa è la sua risposta? La accendiamo? Esatto!-

-E allora?-

-Allora, allora… io ti do notizia dell'accaduto. Come eravamo d'accordo! "Se senti qualcosa…" me l'avevi detto tu…O no? Oh…dico a te…pronto…Jessica?-

-Che ne so! Mi sono rotta di occuparmi di quello scemo. Un essere inutile, piegato in due dalla moglie…Impacchettato, imbalsamato… Vedi, pure la festa gli organizza lei!-

-Ambasciator non porta pena… Comunque è una cosa carina…la buona novella me l'ha riportata Vittoria, L'ha "carpita" ieri al chioschetto…-

-"Cosa carina!" Sono due ridicoli! La tipa, lì, se lo vuole tenere stretto...non avrà altri mezzi... e Vittoria,Vittoria perché non mi ha chiamato subito? Stronza! Tu quando sei libera per poter stare un po' con me? -

-Stasera dopo le sei, sei e mezzo. Oppure domani in tarda mattinata.-

-Beh...prima ci si vede e meglio è...-

-Stasera allora?-

-Direi di si!-

-Dove?-

-Fai un salto su da me che Stefano tornerà tardi. Se vuoi ti faccio cenare qui...-

-Escluso! Cena impossibile! Prima si può fare, ma per ora di cena è meglio che rientri a casa...Non vorrei tirare troppo la corda! Mi capisci?-

-Come no! Ti aspetto qui, verso le sei allora!

-Va bene...bacio! Ciao.-

-Ciao.-

La festa a sorpresa!...non sai proprio più che fare per tenertelo legato,eh,? Ma te la preparo io a te una bella sorpresona, di quelle coi fiocchi...Silvia è un gioiello d'amica, mi ha rimesso di buon umore...dove avrò messo la rubrichetta vecchia?

-Entra dai...vieni, vieni...-

-Dov'è Lollo?-

-In camera sua...oggi è stato una furia. Ogni cinque minuti un capriccio...ha un caratterino...Chissà quando sarà grande!-

-Che dici vado da lui un momento per salutarlo?-

-Per carità che ce lo ritroviamo tutta la sera tra i piedi! Cosa posso offrirti? Vuoi qualcosa da bere?-

-Tu che hai le scorte di ananas...ecco ...magari un bicchiere!-

-Vado...-

Silvia conosceva molto bene Jessica. Almeno così aveva sempre creduto fino a quella sera. Più che una vera e propria amicizia, la loro era stata spesso una complicità nella quale si era sempre giunti ad un punto di pareggio, senza cioè che l'una prendesse il sopravvento sull'altra. Erano andate avanti armonicamente, inizialmente eludendo certe domande, certe richieste, per poi trovarsi, in seguito, sempre più unite nel cercare di darla a bere a tutto il resto del mondo, familiari compresi. A volte bastava un cenno, un lieve movimento del viso per far si che la loro complicità prendesse vita. Altre volte pianificavano con matematica astuzia il loro progetto per poi portarlo a termine con rigorosa precisione. Per questo Silvia si era recata, quella sera, a casa di Jessica, perché ben conoscendola era certa, fin dalla telefonata precedente, che la sua amica non sarebbe stata inerte davanti alle novità da lei riportate ed avrebbe certamente trovato il modo, giusto o sbagliato, di far fruttare al meglio quel che era venuta a sapere. E questo a lei, Silvia, che nel fondo era una personalità allegra, divertiva molto. E l'intrigava, anche.

Quel che invece, per la prima volta, mise le due amiche in disaccordo fu la richiesta che Jessica sciorinò nervosamente ad una Silvia che al momento non capì di stare per trovarsi con le spalle al muro.

-Jessica, ti rendi conto di quello che stai dicendo? Mi stai chiedendo di fare una cosa i-n-u-t-i-l-e e oltretutto cattiva...lasciamelo dire è gratuitamente cattiva: io dovrei telefonare alla figlia di Walter quella Lucilla, insomma, fingermi la segretaria della Mariotti, o come si chiama lei, dire che della festa non se ne fa più niente...perché poi?

-Che cazzo ne so! Inventi, sei brava no? Dì che la psicologa deve partire per un congresso, sì, ecco un congresso...anche Stefano ogni tanto ci va...per mia fortuna. - Sorride Jessica.

-Ridi, ma che ti ridi ? Ma a che serve, me lo dici tu?

-Serve...serve che gli mando a monte il festino a quei due sfigati! Quanti giorni, quante sere, mi ha mandato a fottere lui e forse, anzi, sicuramente, per colpa di quella stronza della moglie, che mi spiava dai vetri...prima non riescono a tenere vivo l'interesse dei mariti, poi corrono ai ripari...ma l'hai vista tu quella? Con quell'aria da crocerossina!-

-Che dici? La moglie ti spiava? Come lo sai? L'hai vista?

-Una volta, sì...poi me l'ha detto Walter...-

-E mò, che c'entra Walter? Ma ti ha fatto da ruffiano? Ehi dico, ti sei bevuta il cervello? Va bene che Walter lo conosci da una vita, ma metterlo in mezzo a una cosa del genere, sarebbe una vera cretinata! Jessi...datti una calmata ti prego, ti voglio bene...-

-Insomma, Silvia, me la fai o no la telefonata? Per il resto pensa ai fatti tuoi, mi impiccio io di quello che fai per portarti a letto il tuo ginnasta?-

-No, perché a me sembra una bella puttanata e basta! Mi sembra una balla che non regge più di mezza giornata...mandargli in fumo la festa...non è una tragedia, ma a te non porta niente...Quali vantaggi ti da? -

-Questo lo dici tu! Porta che non sto qui a rompermi i coglioni pensando a loro che si divertono, ridono, brindano, ballano e magari a fine serata scopano pure... E io lascio che accada questo dopo che quell'imbecille cavalier servente della moglie si è permesso di prendermi in giro per mesi...-

-Vuoi ragionare, Jessi, che ha fatto poi quello di così eclatante...ti ha guardata e poi? Abbiamo pure capito il motivo per cui stazionava sotto casa tua: aspettava la moglie... Non è che ti stai divertendo a creargli dei problemi? Non è che ti eccita l'idea di rompere l'equilibrio di una famiglia? A che gioco stai giocando, con la scusa che lui ti ha appena filato? Che sei diventata? Non mi piaci Jessica, non mi piaci affatto! Andare addosso così a quella coppia è meschino, torbido, da mentecatti... E questo non riguarda soltanto volergli rovinare la festa di compleanno che in se, potrebbe sembrare uno scherzo goliardico...Quello che mi spaventa è il modo in cui ti esprimi quando parli di loro, la perfidia che ti leggo in faccia, la tua rabbia, le tue smorfie... Dico che non ti riconosco Jessica, o forse, non ti ho mai conosciuta!-

-Sei una grandissima stronza, Silvia, anche tu metti in forse tutto quello che è successo tu, come Walter. Ah capisco: ti avrà convinto, hai parlato
con lui, hai saputo della storiella del ritiro della patente...tutte balle. Lui era qui per me, non mi sono mai sbagliata...li ho avuti tutti gli uomini che ho voluto, tu lo sai bene, sono tutti stati burattini in mano mia, lui, lui è un vigliacco preda di quella mezza tacca di sua moglie, spiona e gelosa...ma gliela faccio pagare...-

-Jessica piantala di gridare...calmati, non so di che parli...
patente...discorsi con Walter! Ma sei impazzita?-

-Non mi calmo per niente, urlo quanto mi pare e tu, tu adesso quella telefonata me la fai, eccome se me la fai! Perché, mia cara amichetta traditrice, puoi star certa che mi basta un niente per sputtanarti per bene con le tue amiche...non scordarlo sono anche mie amiche...A proposito la tresca col marito di Flavia a quando risale? Un paio di anni fa, giusto?...

Lollo! Eccolo qua il mio tesoro piccolo. Su... la mamma ti scalda la cena, le polpettine che ha fatto la tata...lascia in pace la zia Silvia. Lei deve andare in camera della mamma per fare una telefonata urgente... Silvia il numero è su quel bigliettino dentro l'agendina...grazie, sei gentile...Scaldo qualcosa anche per te?-

Quando Lucilla, uscì dalla sede del suo catering, Jessica, seduta nella macchina in penombra, non fu molto contenta.
Anzi per nulla.
La ragazza, infatti, fermatasi accanto alla strada osservava con attenzione le movenze di un tizio, basso e grosso che, uscito dal laboratorio, facendo avanti e indietro, riponeva con cura alcuni involucri nel bagagliaio di un Fiorino.

Quanto era costato a Jessica quel tempo da spendere buttata in disparte, dentro l'auto polverosa di fumo, con i nervi a fior di pelle? Al momento molto poco! Era stato da lei valutato erroneamente in una telefonata. Quella che Silvia, suo malgrado, aveva gettato al vento visto il risultato che si prospettava. "Prospettava…" Si ripeteva Jessica, perché non tutto era così certo. Quel furgone, infatti, poteva prendere altre strade, dirigersi verso altri indirizzi, verso altre case di persone spensierate e non rappresentare invece il cavallo di Troia della sua sconfitta, della vacuità dei suoi intenti. Ciò che iniziava a stordire Jessica era il dover provare incertezza, sensazione alla quale certamente non era abituata e, dalla quale aveva sempre coscientemente rifuggito.

La strada che imboccò seguendo il Fiorino verde, lasciava intendere, però, che l'inattesa conoscenza con il fallimento sarebbe stata assai breve, ma, molto frustrante. Era inequivocabile, infatti, che il percorso seguito avrebbe portato di lì a poco dritto, dritto, verso l'abitazione di Fabrizio e, quel che è peggio, di sua moglie. Per questo, con un colpo di volante ed uno dell'animo, Jessica abbandonò ogni velleità e comprendendo il fiasco totale della sua macchinazione girò il muso della sua auto verso casa, puntando verso una presunta quiete quale può essere lo stallo di una mosca che, posata sul vetro di una finestra chiusa, aspira ad un panorama che non potrà mai più raggiungere. Solo la staticità poteva aiutarla non avendo strumenti per gestire le frustrazioni.

Jessica non poteva sapere, certo, che il giorno prima, una volta ricevuta la telefonata, Lucilla era rimasta interdetta da quello strano contrordine, perciò aveva chiamato suo padre, Walter, che, forse fiutando qualcosa e avendo più confidenza della figlia con Antonella, l'aveva raggiunta al cellulare…il resto va da sé.

La notte sembrò non finire mai.

Una sconfitta può assumere sembianze ancor più spietate se analizzata di notte. E' il silenzio alternato al cadenzato latrare di un cane, lo stare immobili ad occhi aperti nel buio in un letto in cui non si è soli, lo sforzo compiuto per trovare la rivalsa senza poter parlare, il dover cercare risposte ed azioni ma solo con il pensiero, immaginando, senza poter eseguire.

Fare, darsi da fare, operare, procedere, muoversi, questo ricercava Jessica nei suoi pensieri aggressivi. Nello scroscio della rabbia, che tutta la pervadeva, inseguì lungo la notte la risposta crudele che le avrebbe permesso di abbandonarsi al sonno.

Inesorabilmente ci riuscì.

Verso l'alba.

Da molto tempo, ormai, Jessica era solita fare rifornimento di benzina presso un distributore vicino alla palestra. Lì lavorava un ragazzotto che aveva sempre dimostrato di apprezzare quasi in maniera sfacciata le lunghe gambe di Jessica. Più di una volta, infatti, pulendo il parabrezza o dandole il resto, gli occhi del giovane erano rimasti ben appiccicati sulla parte bassa del volante e, oltre a ciò, per niente intimorito dalla differenza di età, aveva anche segnalato tale compiacimento con piccoli sorrisi non proprio schietti ma, al contrario, abbastanza ambigui.

Per lei, la sottile lusinga, era stata sempre accolta con la stessa considerazione elargita ad una pagina di giornale che, usata per avvolgere un misero prodotto, si poteva scorrere soltanto distrattamente, nei titoli, senza soffermarsi, perché povera, già spiegazzata, gualcita, e quindi non più idonea a meritare quel riconoscimento dovuto alla sua funzione.

Ma quel mattino, quel mattino il pensiero di quegli ammiccamenti la rese sicura, tranquilla, certa che le sue gambe e, perché no, tutta se stessa, sarebbero servite ben presto ad ottenere la necessaria rivincita.

-Buongiorno…-

-Signora…venga un poco più avanti…così grazie! Quanto mettiamo?-

-I soliti trenta…-

-Dovrà lavarla questa macchina…-

-Solo quando smetterà di piovere…Non se ne può più! -

-Pensi a me, che lavoro sempre all'aperto! Faccia scattare lo sportellino…grazie!-

Lo guardava nello specchietto esterno. Robusto, scuro di capelli, con grandi mani, già lo immaginava ansimante, rosso in viso, convinta com'era che non avrebbe mai rifiutato una sua proposta. Tanto meno avrebbe rifiutato un'escursione tra le sue cosce che stava aprendo lentamente, facendo in modo che la gonna, assai corta, salisse verso la vita, mentre la mano sinistra, immobile, porgeva dal finestrino una banconota.

-Le porto subito il resto…- Disse il giovane, afferrando il denaro e dirigendosi verso il casottino. Non tralasciando, però, di dare una prima sbirciata all'invitante signora.

-Ecco, sono venti…-

-Tu non sei italiano?-

-No signora…- continuò fissando la lucida, bianca carne così a lui vicina.

-E...di dove sei…-

-Vengo dall'est…i miei genitori sono venuti dall'est! Prima papà, poi mia madre…Io ero molto piccolo!-

-Beh, sei cresciuto bene in Italia! Niente da dire! Sei un bel ragazzo…i tuoi saranno contenti…-

-Adesso che guadagno qualcosa…-

E lui, appoggiato con garbo allo sportello, quasi cadeva tutto al centro esatto della confluenza di quelle gambe ed immaginò di saggiarne la consistenza, di riconoscerne al tatto la seta, di annusarne il profumo.

Così tacque! Non per ciò che gli era stato detto, ma per il turbamento che provava.

-Senti, io e te dobbiamo fare amicizia! Io avrò bisogno del tuo aiuto...Non vorrai negarmi un favore, se te lo chiedo?- La lingua di Jessica bagnò le labbra rendendole luccicanti.
-Mi dica...-
-No, non adesso...quando chiudete il distributore?-
-Stasera allora!-
-Vuoi che ti accompagni a casa con la mia macchina?-
-Ho il motorino...-
-Questa volta lo potresti lasciare qui e domani venire in autobus...Vedrai, non te ne pentirai...-
-Crede, signora?-
-Ne sono certa!- Disse lei sorridendo. Ed ingranando la marcia, aggiunse:
-Mi chiamo Jessica...A stasera!-
Poi volò via.

-Fermi qui non ci vede nessuno! Non sentirti imbarazzato! Sono una donna come tante...Anche se sono un po' più grande di te...-
-Meno giovane!-
-Sei carino! Meno giovane, si! Meno giovane! Non è male! Come ti chiami?-
-Andreas. E' proprio bella la sua macchina...Così grande dentro!-
-Ci si sta comodi! Vero?-
-C'è un buon profumo...-
-...Quello che uso io...qui sui polsi, vuoi sentire? Annusa.-
Così dicendo Jessica protese il braccio lasciando che la mano, girata, sfiorasse le labbra del ragazzo. Poi, lasciandola scivolare sullo schienale adiacente, raggiunse le dita di Andreas, iniziando a sfiorarle.
-Tu non devi pensare male di me...Io ho deciso di parlarti perché mi sono resa conto che sei un ragazzo serio...Ci sono delle sensazioni alle quali do ragione! Non è una cosa logica, me ne

rendo conto ma , con le persone, ho come un sesto senso. Sento che di te mi posso fidare.-

Jessica aveva afferrato la mano di Andreas ed ora la stringeva talmente forte che gli anelli premevano sulla pelle di lui fino a fargli provare un leggero dolore.

-Hai la ragazza?-

-Si.-

-Come è fatta? Alta, bassa, bruna, bionda…-

-Non è bella come lei!-

-Ma dai! Come me! Io non sono bella…sono…sono accettabile! Sono una mamma, io! Sono sposata.-

-Ho visto la fede… ma penso di non aver visto suo marito venire a far benzina giù al distributore…-

-Beh, noi abitiamo da tutt'altra parte…Io sono sempre sola, vengo da queste parti per andare in palestra. Guarda che a lui non dirò mai di questo incontro…Mi raccomando! Vedi, tu per me potrai essere molto importante!-

Una leggera carezza percorse il pullover di Andreas. Dalla spalla allo stomaco. Lì, all'altezza della cintura, Jessica si fermò.

Il ragazzo protese il bacino lasciando andare indietro la testa.

Aveva dischiuso le labbra e abbassato gli occhi sulla mano di lei.

-Sei già pronto, piccolino?-

Andreas non rispose.

-Io anche sono felice!- Gli sussurrò nell'orecchio Jessica. Poi aggiunse:

-Se mi farai la cortesia che ti chiedo, potremo divertirci insieme, ma adesso devi aspettare…dopo che ti avrò spiegato…-

E continuando a ripetere -…dopo…- gli slacciò la cintura dolcemente, per poi ritrarsi ed appoggiare le mani sul volante.

-Cosa devo fare?..biascicò Andreas. -

-Ora ti dico…- Sibilò Jessica, con una strana smorfia.

Quando, pochi giorni dopo, Andreas scese rapidamente le scale del palazzo dove abitava Jessica, non fu esattamente per evitare grane con Stefano.

In effetti il viso del ragazzo non appariva disteso, ne l'espressione che portava stampata in faccia era simile a quella di chi ha passato del tempo in maniera piacevole. Al contrario il suo aspetto lasciava trasparire una forte emozione, più simile al panico, al timore, che non alla soddisfazione di colui che ha appena morso la mela del Paradiso.

Percorrendo il breve corridoio che portava al portone, Andreas continuava a ripetere la stessa frase. Per fissarsela bene in mente. Per pronunciarla senza inflessioni. Per essere chiaro, convincente.

Aprì la vetrata d'ingresso, uscì in strada e tale fu l'angoscia che non guardò nemmeno se vi fossero altre persone. C'era "quella" persona e tanto era bastato per far scattare il braccio di Jessica che lo aveva spinto via dal balcone verso l'uscio di casa.

Ed ora lei lo osservava dall'alto, non vista, nascosta com'era dietro le piante.

L'altra, Antonella, era a pochi passi da lui, distratta, ferma, stanca.

Andreas sapeva di avere pochi attimi per agire. Il suo "obiettivo", infatti, sarebbe stato raggiunto a breve da Fabrizio. Bisognava sbrigarsi approfittando di quei pochi momenti di attesa.

Mise le mani in tasca e tentò di darsi un atteggiamento spavaldo. Quasi inciampò nel risalire il marciapiede opposto, vacillò leggermente, si riprese e sentendo le dita diventare gelate si avvicinò ad Antonella.

-Dottoressa Antonella...- Disse provando grande preoccupazione.

-Si?- Rispose lei, sorridendo per nulla sorpresa.

-Dottoressa Antonella...- ripetè Andreas che stava per impigliarsi nelle parole.

-Lei...lei deve...tu devi sapere che tuo marito è innamorato di un'altra. Devi fartene una ragione e lasciarlo libero, hai sentito bene? Bada a te che potresti avere guai seri!-

Ciò detto scappò via correndo più forte che poteva e nella corsa si puliva la bocca umida dal muco che gli scendeva dal naso, e sempre più gli pareva d'essere come una persona che avesse vomitato. Mulinava le gambe Andreas, e guardava dritto davanti a se, fin quando, memore delle istruzioni ricevute, girò un primo angolo, poi un altro e quando fu in vista di un praticello si fermò, 'che la grande angoscia e la corsa gli avevano provocato un affanno mai provato prima.

Gli occhi di un barboncino lo guardarono fisso.

Il proprietario del cane nemmeno fece caso a lui.

Poteva riposarsi e pensare al premio che gli sarebbe spettato. Così si aggiustò il cavallo dei pantaloni e si allontanò lentamente.

Stavano entrambi a colloquio con il rispettivo piacere.

L'uno inorgoglito dal susseguirsi dei gemiti uditi, non riusciva, però, a sopportare che l'accaduto, sigillato con la lealtà di un patto, lo avrebbe costretto per un lungo periodo al completo mutismo. Nessuna fiaba, quindi, da raccontare agli amici, nessun incontro nel futuro più prossimo con carnagioni così diafane, levigate, profumate, ma unicamente il ritorno al solito corpo, con odori ben conosciuti e parole stantie.

Per questo, Andreas, voltò lo sguardo verso la donna che aveva accanto. Intimamente con gli occhi le dava l'addio, sapeva di essere stato usato al pari di una prostituta ma non gli importava, era anche consapevole, però, di essere stato il suo uomo per uno spicchio di tempo ed ora che la vedeva inerte, stesa e, perché no, soddisfatta, si accorgeva che la bocca disegnava sul viso ossuto un sorriso e da ciò deduceva di essere stato bravo, veramente bravo.

Povero Andreas, come lontane erano le sue giovanili, oneste, supposizioni.

Certo, la felicità di Jessica appariva ben visibile. Certo, i mille respiri con cui aveva avvolto il corpo di lui rivelavano appagamento, ma quello che non poteva immaginare era che il sorriso della donna contenesse alcune parole e, esattamente, quelle che, il giorno prima, lui stesso aveva recitato ad Antonella.

Distesa Jessica sillabava muovendo impercettibilmente le labbra ripetendo la fiastrocca che aveva insegnato a dire e le piaceva, ne godeva, sorrideva pensando al timore provato dalla ormai vinta rivale.

Ben aveva avvertito Andreas il piacere sessuale, sinceri e viscerali erano stati i mugolii emessi da lei, lei che si era lasciata andare a quell'amplesso con tutta la foga e l'euforia di aver finalmente ferito. Ferire duramente, direttamente, parlare chiaramente con la voce di Andreas a quella donna che non voleva capire. Sotto i colpi che lei stessa aveva accompagnato con vigore, quasi furore, aveva goduto come da tempo - forse mai - le era accaduto.

Aveva percepito l'altro corpo impastato con il suo come fossero stati un'unica lancia che alla fine aveva colpito al cuore, al centro del suo male, frantumandolo, disintegrandolo, annullandolo.

Il quinto giorno.
Sono già le tre.
Ma forse oggi visita di pomeriggio.
O forse si è troppo spaventata, non viene più.
Se ne è andata di casa, lo ha lasciato dopo una scenata...o se ne è andato lui...in questo caso lei dovrebbe arrivare in taxi...se è vera la storia della patente.
Resta pur sempre il fatto che lui con me non si fa vivo...il numero è sull'elenco, certamente sa come mi chiamo.
Il portiere è avvertito che se arriva posta per me deve consegnarmela personalmente ...ma io non sono scesa né ieri né oggi...non posso allontanarmi dalla finestra...ho sbagliato a farlo i primi due giorni...saranno venuti ed io non li ho visti.

Del resto dovevo fingere la normalità...anche al chioschetto, con quelle vipere e fare anche in modo che lui mi potesse avvicinare...se fosse venuto.

Ho i brividi nella schiena...le mani sudate...sarò influenzata come ho detto a Stefano per non uscire.

Le tre e tre quarti.

Non vengono. Né lei né lui.

Lo ha chiuso in casa. Deve essere pazza, quella donna.

La persiana del suo studio è abbassata ma le altre sono aperte.

Così da tre giorni, da quando sono dietro i vetri...Dio, il tempo passa troppo velocemente.

-Signora, signora...al telefono, suo marito. -

-Digli che dormo...non mi sento bene, ho la febbre...Lorenzo è dall'amichetto, Matteo...lo chiamo dopo, digli così! -

-Ma, signora lei non dorme veramente! E se ha febbre non dovrebbe stare seduta dietro finestra tutto il giorno!

-Impicciati dei fatti tuoi! Razza di...e fammi un caffè, forte...mi sento debole...portami anche il cordless...non ti accorgi che non lo sento da qui? -

-Certo l'aveva lasciato in bagno di camera da letto!...suo marito aspetta, vado. -

Devo star calma, così faccio peggio...dimentico anche il telefono.... e questa...sempre tra i piedi...certo, il telefono può aver suonato e io non averlo sentito...cazzo!

-Giasmina!!! Giasmina!!! Il telefono...quanto ci metti? Ecco, grazie, scusa sai non mi sento bene...sto qui alla finestra per distrarmi un po'...va a vedere se è pronto il caffè...-

Niente. Nessuna chiamata persa. Solo due dal cellulare di Stefano...ha chiamato qui: certo, il mio è spento...non voglio sentire le chiacchiere di nessuno...devo essere concentrata.

Quasi le cinque.

Ormai non vengono più... dovrei telefonare allo studio per sapere qualcosa...non posso...la segretaria, quell'altra suffragetta, mi potrebbe riconoscere...Andreas? Per carità! Accento

riconoscibile...Giasmina, ecco Giasmina...parla abbastanza
bene...ha fatto esercizio col portiere, quella stronzetta...
-Giasmina!!! Dove caspita sei!? Vieni, devi farmi una piacere...Ti faccio il numero...devi chiedere della dottoressa Mariotti, quando viene...quando è allo studio...attenta, hai capito bene? -
-Ma...signor, signor Stefano è medico...perché vuole altro dottore?-
-Sono cose di donne...tu mi capisci? Non voglio dirlo subito a Stefano...non mi far parlare troppo...dai, è un segreto fra me e te...-

Un quarto d'ora. Un quarto d'ora ed avrebbe chiuso. Bisognava sbrigarsi, anche se il traffico l'ostacolava. La pioggia, il tergicristallo che cadenzava il tempo che passava. La macchina davanti che non riparte subito e da destra si infilano e la coda si allunga.
Un orologio al polso, uno sul cruscotto. Entrambi non mentono. L'ansia aumenta.
Quando Andreas vide Jessica frenare bruscamente davanti alla pompa, posò il secchio che teneva in mano, e le andò incontro aggiustando il cappuccio della cerata.
Le disse: - Ciao...- mentre il finestrino scendeva lentamente, pulendo il vetro lasciando che i due sguardi si incontrassero.
-Devo parlarti...- Esordì Jessica, mollando il piede dal pedale della frizione, facendo spegnere il motore.
-E' assolutamente importante...- continuò aprendo lo sportello.
-O vieni su in macchina, o andiamo a parlare lì dentro...sta scrosciando...- Aggiunse indicando il baracchino.
-Stavo per chiudere. Abbi pazienza un attimo, prendo il registro, scrivo dei dati, stacco la corrente e rimango con te tutto il tempo che vuoi...-
-Fai presto, dai...E' importante, molto...Sbrigati...-

Le tremavano le mani. Se ne accorse anche lei, quando si accese una sigaretta.

Andreas si muoveva rapidamente ed iniziava a domandarsi il perché di quella visita inaspettata. Lei l'osservava, fumava e sbuffava mentre si riparava dalla pioggia sotto la striminzita tettoia. Quando il ragazzo le fu accanto Jessica aveva appena finito di distruggere con la punta della scarpa il mozzicone di Philip Morris.

-Andiamo in macchina, facciamo presto…- Gli disse con autorità.

-Come vuoi…-

Salirono e per un attimo Andreas pensò di avvicinarsi a lei, di darle un bacio e quasi tentò con una mossa strana del corpo, ma fu subito ricacciato indietro da una mano tesa, calcata sulla spalla.

-No, no, non è il momento…Non è per queste stupidaggini che sono qui…Ho bisogno del tuo aiuto, ancora…di nuovo! E' cosa da poco, tu sei la persona più adatta e potrai guadagnare dei soldi, abbastanza, forse tanti! Vedi? Sono ancora qui da te, per rivolgermi a te, per chiederti qualcosa…perché tu ti sei comportato bene, sei stato un vero uomo…in tutti i sensi intendo, ed io so che posso riporre tutta la mia fiducia in te.-

-Che succede? E' sempre quella lì che ti da fastidio? Non è stato sufficiente avvertirla?-

-Magari! Sai cosa mi ha fatto fare…sai cosa? Se scendi e vai dietro, vicino alla targa guarda i graffi che hanno segnato tutta la parte posteriore della mia macchina…-

-Graffi?-

-Solchi! Capisci la differenza nella nostra lingua? Profondi, con un cacciavite…un cacciavite, ma ti rendi conto?-

-E quando?-

-Non lo so, prima di partire immagino! Me ne sono accorta solo ieri!-

-Chi è partito?-

-Uffa Andreas! Lei, lei...prima ha rovinato la mia auto e poi è partita con il marito...All'estero è andata...schifosa! Ho fatto telefonare, l'ho fatta cercare...-

-Sei sicura che sia stata lei?-

-Assolutamente! E' stata la risposta a quello che le avevi detto...Capisci? -

-Quando sei venuta a far benzina l'ultima volta la macchina era perfetta...-

-Ti ho detto che non so con esattezza quando...so che è stata lei, quella maledetta stronza!-

-Io a cosa ti dovrei servire?-

-Ad una cosa che mi renderà completamente felice! Tu vuoi che io sia felice, che io possa essere sempre allegra, che, per ringraziarti, possa farti un bel regalo?-

-Non so...non capisco, se tu non mi dici niente...-

-Prendi un pochino di benzina...in una tanichetta...ne hai tanta qui! La macchina è ferma sotto casa loro, sono andata a vedere...Loro sono fuori, lontani! Nessuno ti conosce da quelle parti...Di notte poi...Restituiamo a quell'infame lo scherzetto che ha fatto a me! La cappottina è di tela, s'impregna bene...un fiammifero e via...Così siamo pari! Questi sono per te e questo è l'indirizzo. Come smette di piovere, prendi il motorino, è semplicissimo...-

-Cento euro?-

-Che c'è, non vanno bene? Tieni, tieni, qui nel portafoglio ho ancora...tieni dieci, quindici...ecco, ho altri quindici euro...prendili! Non ho altro stasera!-

Andreas abbassò la testa.

Lei temette un rifiuto. Per aiutarsi gli prese la mano.

-Cosa altro vuoi, amore?-

Lui non rispose. Aprì lo sportello, sganciò le dita dalle dita di Jessica, scese e si voltò verso di lei. Appariva stanca, tesa. I capelli scarmigliati, i pantaloni bagnati sul fondo, la borsa quasi rovesciata tra i sedili. La guardò ancora. Ferma, accigliata con il portafoglio in mano, Jessica credeva di sorridere ma quasi digrignava la bocca come per urlare un dolore.

Andreas mise in tasca i soldi dopo averli fatti frusciare tra le dita. Comprese di non essere minimamente desiderato, ma soltanto sfruttato. Allora si difese ed annuì con il capo due volte aggiungendo un "Sì...va bene" così flebile che si confuse con il rumore della pioggia che rimbalzava sul tetto della macchina.

Chiuse lo sportello e di lei rimase solo la follia, il profilo tagliente e lo stridio della messa in moto.

Quando Jessica si allontanò, il ragazzo si asciugò con il polso l'acqua che gli colava sul viso. Raggiunse lo zainetto che teneva all'asciutto, ne trasse una mela, la morse e fu felice all'idea di spendere quel denaro con Liuba, anche perché quello che gli veniva chiesto non lo avrebbe mai fatto.

Quando Jessica si allontanò, nel girare velocemente la macchina, un piccolo cacciavite con il manico giallo e nero spuntò rotolando da sotto il sedile e finì vicino ai suoi tacchi.

Jessica uscì dal portone di casa senza guardarsi intorno come abitudini appena consumate avrebbero suggerito. Con la piccola mano di Lorenzo stretta nella sua ed il passo deciso, imprescindibile anche con un bambino accanto, percorreva l'inizio della giornata valutando il possibile, non certo l'assurdo, poiché era indubbio anche per lei, che questo ultimo dovesse appartenere unicamente al destino. Eppure, di lì a poco, una circostanza assai inaspettata avrebbe scosso il flebile equilibrio appena ritrovato.

Nel cercare la propria macchina, nell'avvicinarsi alle altre parcheggiate a quell'ora con larghi intermezzi, fu certa di vedere prima un particolare, poi un colore, poi ancora tutta la sagoma di un'automobile...bianca...cabriolet.

Andreas aveva fallito, dunque? Forse era stato scoperto? Fabrizio era qui per affrontarla? E la moglie come si sarebbe comportata?

Tale fu lo sconcerto, tale la molteplicità di turbamenti che si arrestò, incapace di districarsi nella confusione delle idee. Avrebbe voluto mettersi a gridare, indicando la persona seduta al volante dell'auto, dire che la stava perseguitando, che la molestava. Pensò anche di retrocedere, girare l'angolo dietro alle sue spalle e telefonare ad una amica per chiederle di essere testimone di quel che stava avvenendo. Ma tenne conto che sarebbe passato troppo tempo tra la sua telefonata e l'arrivo di qualcuno. Considerò, dunque, la possibilità di precipitarsi dentro il piccolo negozio di fronte, chiedere aiuto al proprietario, ma questi non avrebbe certamente potuto constatare che l'uomo seduto in macchina la stesse importunando, in quanto realmente troppo distante da lei e ben fermo nella sua auto. Così continuò a non muoversi, cercando una soluzione rapidissima che potesse soddisfare la collera che ormai l'aveva invasa completamente. Incominciò a scavare nella borsa cercando il telefono, perché pensò che da quello potesse giungere una risposta risolutiva. Di fatto perse tempo, non riuscendo a trovare la calma per saper cosa fare.

Fu allora che quasi distrattamente si accorse dell'errore commesso nella frenesia del momento. La piccola mano di Lorenzo non stringeva più il suo mignolo ed il suo anulare. Né la figurina del bimbo le gironzolava intorno. Jessica si voltò, guardò dinnanzi a sé, lo chiamò, prese a muoversi, continuò a chiamare. Fece ancora qualche passo, avvicinandosi alla macchina del suo nemico, ma senza occuparsi di lui, questa volta. Vide la ripida discesa del parcheggio sotterraneo ed in fondo scorse Lorenzo, accovacciato su di una griglia di scolo dell'acqua, quasi seduto per terra. Emise un urlo ed cominciò a correre verso la fine della discesa, ma ben presto le gambe iniziarono a tremare ed un sudore gelido le imperlò dapprima la fronte, poi le braccia ed ancora tutto il corpo, fin quando scosse, tremiti, la costrinsero ad aggrapparsi ad una grata arrugginita. Non riusciva a respirare, non a parlare, non a muoversi, nemmeno a compitare il nome del figlio. Così, impedita, immobilizzata, bloccata, continuò soltanto a rendersi conto del pericolo incombente, senza poter far nulla, provando unicamente il gelo del ferro a cui era calamitata.

Passò un'ombra. Con gli occhi lei la seguì. Una figura. Qualcuno, correva lungo la discesa. Jessica riuscì appena a balbettare:

-A i u t o!-

E con grande sforzo alzò l'indice della mano cercando nella sua notte di indicare il piccolo.

Poi non capì. Si sentì prendere per la vita, quasi sollevata da terra. Sentì la voce di Lorenzo ed un'altra, poi di nuovo il pianto del bambino.

Ed un abbraccio. Caldo, forte, un abbraccio che la sosteneva, che le permetteva di ritrovare l'equilibrio sulle proprie gambe e poi il respiro e la luce anche.

Sul livellato marciapiede, lentamente Jessica tornò in se. Scostando il viso dalla spalla su cui era poggiato pesantemente, domandò:

"Dov'è mio figlio? "

Fabrizio rispose sussurrando nell'orecchio: "Accanto a lei, qui, qui con noi...E' tutto passato...Stia tranquilla! Si sente meglio? Vuole sedersi in macchina?-

-Io ti conosco...so chi sei...- Così dicendo Jessica dopo aver guardato in basso verso il suo Lorenzo, scostò nuovamente il capo per guardare il viso che le era accanto, poi, sinuosamente appoggiò le labbra sulla guancia di Fabrizio e ne percepì la morbidezza ed ancora malferma sulle gambe, iniziò a riempire di piccoli baci quel volto, lambendolo con la lingua, mordendolo leggermente.

Sussurrava, Jessica, sussurrava di un amore, di qualcuno che finalmente si era incontrato e baciava e stringeva ed il cuore le scoppiava mentre il desiderio le ridava vita al corpo. Ancora sostenuta da quelle braccia spinse il suo ventre contro quello di Fabrizio, cullandosi, mentre con le mani percorreva la schiena esplorandone ogni parte. Come un'ubriaca bisbigliò frasi mozze di un soliloquio passionale, fin quando le stesse braccia che fino a quel momento l'avevano sostenuta la scostarono delicatamente.

-Signora venga a sedersi in macchina…Ora che riesce a muoversi meglio, è bene che si sieda…Se vuole dell'acqua può aspettarmi seduta…C'è un bar qui vicino…-

-Perché ti stacchi da me? Ti do fastidio, forse? Non è questo quel che hai sempre desiderato?-

-Mi scusi…Non capisco…Io, io le chiedo scusa…-

-Sono mesi e mesi che mi aspetti…Eccomi dunque…-

-Signora ci deve essere un errore! Io so chi è lei, certamente! L'ho vista spesso qui intorno…anche suo figlio ho visto! Ma non penso di averla conosciuta prima di adesso! Deve ancora scusarmi, io sono sicuramente turbato per quello che è successo ma credo che lei mi stia confondendo con un'altra persona, forse proprio perché anche lei è al momento disorientata, frastornata!-

-Hai il coraggio di negare perfino l'evidenza?-

-Quale evidenza, mi scusi?-

-…Che stai qui mattina, pomeriggio e sera per vedermi…-

-No, no, la prego! Io vengo a prendere mia moglie e ce l'accompagno, qui! Spesso non torno a casa e rimango ad aspettarla…E' vero! Questo accade molto, molto frequentemente, almeno tre volte a settimana e se ha delle riunioni…poi! Alcune volte se è questione di poco tempo nemmeno parcheggio la macchina e rimango qui sotto fino a quando lei non scende…-

-Balle! A me lo puoi dire…Siamo soli adesso…Dov'e Lorenzo?-

-E' in macchina. Venga è meglio che anche lei si accomodi…Ecco mia moglie…Ho piacere che lei la conosca!-

-Ciao…-

-Ciao Antonella.-

-Cosa succede…La signora ha bisogno di aiuto?-

-Un piccolo malore! Adesso sta meglio…Il bambino, il bambino era corso giù per la discesa del garage e la signora non riusciva a riprenderlo…-

-Attacco di panico, fobia…Le discese…Mi blocco…-

-Mi chiamo Antonella…Come si sente adesso?-

-Io Jessica…lui è Lorenzo. Meglio grazie!-

-Ciao Lorenzo…-

-Stavo facendo sedere la signora in macchina…Ecco, così può riposare qualche minuto…-

-Sono ancora molto debole…-

-Lei abita qui davanti, non è vero?-

-E lei come lo sa?-

-Perché la finestra del mio studio affaccia sulla strada, come il balcone di casa sua… e così mi è capitato di vederla…Vuole che l'accompagni a casa? Mio marito ed io siamo disponibilissimi… Mi dica quel che possiamo fare per lei… sono un medico…prende dei farmaci per il suo disturbo?-

- No…non prendo niente…non c'è niente da fare…sono fiacca ma sto meglio…vado a casa. Vieni Lorenzo, ringrazia i signori.-

Così se ne andò. Tenendo ancora il suo cucciolo per mano, con passo incerto ma con la testa alta.

Quando scomparve oltre il portone di casa Fabrizio sorrise alla moglie e mettendo in moto la macchina disse:

-Avevi ragione, la cattiva signora è molto malata…-

-Che ore sono?-

-Le sei e mezza…-

-Di pomeriggio?-

-Certo! Di pomeriggio!-

-Stefano, tu sei stato sempre qui?-

-Perché no! Mi ha chiamato la donna e ho deciso di prendermi una giornata di riposo. Ci voleva!-

-Ho dormito qui sul divano tutto questo tempo?-

-Ti ho dato un aiutino… solo qualche goccia di Xanax, avevi bisogno di un bel sonno.-

-Sono tutta rotta, ho il torcicollo…-

-Vuoi che ti faccia un massaggio?-

-No, no, passerà! Stefano…Stefano ho avuto tanta paura quando ho visto Lorenzo laggiù…-

-Basta! Non pensarci più! E' tutto finito.-

-Non riesco a non pensare. Mi sembra di avere una matassa nel cervello, una matassa aggrovigliata. Stefano, tu mi vuoi bene? Ho tanta angoscia …Provo tante strane sensazioni…Adesso, per esempio, mi viene in mente il passato. Il mio passato! Perché? Ho freddo!-

-Tirati su il plaid. Io telefono a Gabriele.

-Sarà capace di aiutarmi?-

-Stai tranquilla. Ci ho già parlato… Mi fido di lui…-

-Perché mi frullano per la testa tanti ricordi? Me lo sai dire tu?-

-Aspetta…fammi telefonare…-

-Tu sei molto buono con me, molto paziente…Stefano…-

-Pronto Marta, mi passi il dottor Mannini, per favore…E' ancora li?-

-Sai Stefano, è stato breve ma quello con Andrea fu un amore splendido! Anche noi ci siamo voluti tanto bene. E' vero?-

-Un attimo Jessica… Ehi Gabriele…scusami, sono Stefano, scusa per l'ora…meno male che ti ho trovato…E' come ti dicevo…Penso che domani dovremo ricoverarla…No, adesso va meglio…forse…hai ragione, ho aspettato troppo. Non volevo andare a fondo…Ho le mie colpe! Si sono qui con lei. Va bene verso le dieci? D'accordo, veniamo domani…Si lo so, dispiace anche a me, ma dovremo, anzi dovrai aiutarla, non può continuare così…Non ce la fa più… Grazie Gabriele, grazie!-

-Domani allora?-

-Domani. Gabriele ci aspetta. Vuoi bere? Hai le labbra così asciutte…-

-Si Stefano. Un po' d'acqua, grazie.-

-Te la porto subito…-

-No, rimani qui chiama Giasmina…stai con me! Voglio parlarti, domandarti tante cose! Tu sei buono! Senti, dimmi… E' bene

pensare al passato? Tu sei medico, dovresti saperlo...Mi ricordo di quando ero ragazzina... di Andrea...Ma come è chiaro quel che rivedo...il mare, tanto caldo, i miei capelli lunghi...-
-Tanto tempo prima che ci conoscessimo?-
-Si! Tu non c'eri ancora per me... Fu la prima volta, e tanto mi bastò per capire...-- Giasmina dell'acqua per la signora per favore... Continua Jessica. Cosa mi stavi dicendo?-
-Sai che l'estate ha un profumo ben preciso? E' l'odore del sole! Al mare avevamo tutti il profumo del sole addosso.
Lui si occupò tanto di me. Si chiamava Andrea. Te ne ho parlato già? Ed io gli risposi correndo avanti e indietro per farmi notare, per mostrare le mie gambe lucide ed il corpo vivace, come il mio costume giallo e nero che aderiva sullo stomaco e sul seno mostrando i segni dell'ombelico e dei capezzoli. Lui rimase fermo con il ciuffo che dalla fronte scendeva sugli occhi nascondendo lo sguardo. Aspettava la gomitata di un amico, di un compagno, che rafforzasse la certezza di quel che pensava.
Quando mi alzai dalla sdraio, sentii il dolore delle cosce bruciacchiate dal sole che si staccavano dalla tela. Ero ricoperta del suo profumo!
Camminai male per qualche metro, tra gli ammiccamenti del branco retrostante, ma appena gli giunsi vicino non sentii più nulla. Né dolore, né risa, né me stessa. Rimasi immobile davanti ad Andrea, per scoprirlo da vicino, perché, a distanza, già mi piaceva immensamente.
Così compitai qualche parola, dovuta, formale, aggiungendo il mio nome, tendendogli la mano ma osservando soltanto la sua bocca, i suoi denti, gli occhi, continuando a circoscrivere il mio sguardo ripetutamente su questi particolari. Ballammo giugno e buona parte di luglio, sempre di Domenica, sempre accanto al mare, sempre al solito stabilimento, con le stesse canzoni, ripetute, ripetute... Provammo i baci e ci riuscimmo. Prima incerti, poi sorpresi, poi avidi. Dietro una siepe, tra le cabine, voltato l'angolo.

Mai la mia mano fu più dolce nel carezzare e più attenta nel trattenere, talvolta, la sua.

Poi sopravenne la noia, il disinteresse e ci fu un'ultima volta. L'ultima volta che ballammo mi accompagnai a lui distrattamente, rigida, senza dondolarmi. Anche lui forse si accorse che giravo lo sguardo altrove, voltavo la testa, solleticandogli le guance con i capelli. Le mie dita, incrociate alle sue, tacevano e non riusciva più nemmeno a farmi ridere. Compresi tutto sul trenino, al ritorno. Per lui non sentivo più nulla. Lo avevo consumato, così, rapidamente nell'arco di pochi giorni!

Io non ho mai potuto di più Stefano. Non ci sono mai riuscita.

Adesso mi odio, perché anche tu prima o poi non mi sopporterai più e ti allontanerai da me. Ti prego, aiutami. Cerca di ricucirmi, fallo per Lollo se non per me…Aiutaci.-

-Lascia stare! Non è il momento di fare bilanci. Non è il momento di giudicare, se mai ce ne sarà uno…-

-Quando è nato Lollo, io quasi non lo avrei voluto, ma poi…poi mi ci sono tanto affezionata, sai? Mi assomiglia tanto, vero? Tutti me lo dicono, quando lo porto con me…-

-Domani ci sarà il sole Jessica, il sole…Stai tranquilla ora. Ecco il tuo bicchiere d'acqua…-

E lei bevve a piccoli sorsi.

…Ciò detto, disteso sulle spalle un mantello ed una fulva pelliccia di leone mi chino a ricevere il peso del padre…

Virgilio, Eneide, libro secondo

Note sulla patologia narcisistica e il cosiddetto stalking

Apparenza leggera, spunti pruriginosi, atteggiamenti a tratti risibili, cronaca di giornate e situazioni ripetute nel breve tempo del racconto vogliono, in realtà, rimandare a certi temi degni di riflessione.
Primo fra questi il narcisismo patologico di cui la protagonista, Jessica, è portatrice malsana.

La necessità primaria di "piacere per piacersi", l'assoluta anaffettività e la conseguente incapacità, certamente meno distruttiva, di provare empatia, costruiscono il personaggio in un breve lasso del *suo* tempo, nel teatro di una *sua* vita che si muove in spazi non troppo articolati e quindi sperimentati e compiacenti - il narciso vuole essere ammirato dagli altri perché la gratificazione che ne deriva soddisfa una pulsione libidica fortissima - pertanto sperimenta con diffidenza ambienti sconosciuti.
La personalità narcisistica si caratterizza per un problema che riguarda la propria identità, per una totale concentrazione su se stessa in senso egopatico e egoistico tanto da perdere progressivamente il contatto con la sua vera essenza - ammesso che ne abbia mai percepita una... - compensando l'identità sconosciuta attraverso un "falso sé" basato su un'immagine che il mondo esterno *deve* costantemente sostenere.
Perdere il consenso, in casi tali, significa perdere se stessi.
Provare considerazione, affetto, compassione per gli altri significa distrarsi da quello specchio d'acqua che riflette il narciso così come egli desidera vedersi ed essere visto.
Ma il riflesso può non essere sempre quello che ci si aspetta e si desidera con tanto ardore ed ecco allora che il Narciso mette in

atto giochi di potere per sentirsi più forte o vincente e lo fa seducendo oppure denigrando e accusando chi si oppone al suo cammino gratificatorio. Inizia così a delinearsi la personalità del futuro stalker che non può sopportare la vergogna e l'umiliazione dell'insuccesso o, peggio, della perdita. L'oggetto viene così calunniato, perseguitato nel tentativo di quell'annullamento che ristabilirebbe l'equilibrio. Queste dinamiche risultano di facile attuazione in chi è prigioniero di una patologia narcisistica perché tutta la sua, quasi, quotidianità è pervasa dalla fortissima e collaudata tendenza ad usare gli altri.

La finzione letteraria si allaccia perciò - e qui si fonde la patologia antica con le cronache mediatiche - all'inquietante quanto attuale questione del cosiddetto stalking.

Inutile sottolineare o rievocare la drammaticità degli esiti, a volte rimandati dai mezzi di comunicazione, dovuti a questa che appare essere diventata una vera e propria malattia sociale.

L'incapacità di soffrire, di accettare la sconfitta o l'abbandono, l'elemento persecutorio che appare come unica soluzione a chi pratica lo stalking, denunciano chiaramente che le nostre società sono ormai formate da una quantità insospettabile di individui le cui caratteristiche psicologiche si sono costruite su un abisso di fragilità, costituite primariamente dall'inesperienza della Negazione, della Rinuncia, del Fallimento, del Dolore come componenti necessarie della vita con le quali confrontarsi.

Nei casi estremi l'omicidio/suicidio appaiono come le uniche irrevocabili soluzioni per annullare una sofferenza che si è incapaci di rielaborare, perché, molto semplicemente e drammaticamente non si hanno gli strumenti psicologici per tentare questa via.

Nel tessuto sociale viviamo costantemente una realtà che ci vuole vincenti, in forma, mai deboli o vecchi; chi tra noi riesce a sfuggire i continui impulsi in quel senso orientati, indirizza la propria vita verso il perseguimento di valori altri, si confronta con le proprie debolezze, impara a conviverci o a superarle, accetta il dolore provando sofferenza e non cercando di evitarlo in ogni modo, spende se stesso anche per l'altro intuendo che ne ricaverà una qualche ricchezza o, comunque, una crescita personale.

Al contrario, le personalità narcisistiche sono a grave rischio in un contesto sociale egoisticamente caratterizzato, innanzi tutto per l'omologazione diffusa degli atteggiamenti edonistici, per l'ideologia corrente che premia l'apparire piuttosto che l'essere e - aspetto più serio e mai troppo denunciato - per la pratica familiare in cui i cuccioli spesso sono super protetti, crescono portatori di diritti e pochissimi doveri,sperimentano lievissime rinunce e molteplici gratificazioni che, peraltro, riguardano sovente l'avere e quasi mai l'essere. Essere che significa poi, sempre più comunemente, apparire, come ben testimonia il crescente ricorso alla chirurgia plastica da parte di giovanissime.

La mente richiama ciò che Kierkegaard sosteneva dell'*esteta* definendolo come colui che cerca di costruire la propria esistenza bandendo la monotonia e ricercando le emozioni forti; ma la vita "estetica", cioè l'apparenza, genera noia - e quindi - continua ricerca di emozioni (gratificazioni) che costringono l'individuo al vivere attimo per attimo rinunciando all'Esistenza con la conseguente perdita dell'identità.

Prof. Donatella Longo

Nota degli autori

I personaggi che ruotano intorno a Jessica sono affetti da "buonismo"?
Ce lo siamo detto...
Le cose nella vita non vanno proprio così?
Lo sappiamo bene...
Jessica avrebbe fatto, nella vita reale molto peggio e molto di più?
Quasi sicuramente...

Si tratta di una scelta consapevole, perché se è vero che Narciso si nutre di complicità, di sotterfugi e si accompagna, specie nelle sue trame distruttive, a chi possa agevolare il suo percorso patologico, ci è piaciuto immaginare, seppur nella finzione dell'intreccio, che tali personalità possano invece imbattersi in chi, comprendendo la malignità di certi atteggiamenti, voglia tentare di distoglierne l'attenzione o comunque non esserne connivente.
Abbiamo voluto dare voce all'altra metà della mela, quella per cui Essere è ancora più importante che Apparire e l'Avere non deve essere perseguito ad ogni costo...
Sognare positivo?
Seriamente. Un senso di pietas dovrebbe scaturire nei confronti di chi non ha la capacità di *sentire* come la maggior parte degli individui e, se è vero che la letteratura scientifica considera, ad esempio, i partners dei cosiddetti narcisi come delle persone destinate a soccombere - probabilmente scelte come compagni di vita proprio perché inoffensivi- i personaggi collaterali di questa storia non vengono schiacciati dal tentativo negazionistico messo in atto ma, forti di una identità più strutturata, tentano di ignorare, ostacolare, di impedire e, ove possibile, curare.

Gli autori

La cattiva signora
di Alessandro Vuccino e Ombretta D'Ulisse
2011

Gli autori ringraziano la **Dott.ssa Barbara Longo**, psicologa-psicoterapeuta, per la disinteressata, affettuosa consulenza, la **Prof. Alessandra Anzini** per la gentile concessione del suo dipinto ed **Alessio Procaccini** per la cortese collaborazione.

JESSICA ON MY MIND

Detto da voi...

Se fosse una mia vicina le suonerei al campanello.

Jessica mi incute molta pena. La vedo sola, piena di ansia e sola.
Sembra un personaggio da consolare,ti ispira persino la voglia di
consigliarla per il meglio. Non ho visto in lei **cattiveria**, ho visto azioni
che incutono pietà. La sua fisicità le permetterebbe di avere una vita
migliore che invece ha buttato via. Leggendo la sua storia mi sono chiesta
cosa ci potesse essere dietro e immediatamente ho pensato al **marito**: ho
cercato di capire che tipo di rapporto ci potesse essere...sì,una donna che
avrebbe avuto un po' di possibilità migliori che buttarsi a rimorchiare in
giro:azioni basse.
La **cattiveria** di Jessica è una **cattiveria** tra virgolette, è più la sua
patologia che esce fuori. Il libro è delicato e umano, alla fine lei fa
tenerezza...come ho detto pena! Non so se Jessica si salverà...se fosse per
me la salverei, voglio dire che spero accada, forse allontanandola dal
marito può ritrovare una sua dimensione, il suo essere e non il suo
apparire.
Jessica e il sesso? Per lei il sesso è marginale, **per mancanza di amore**. E'
un personaggio che è in cerca di amore, forse viene amata ma non se ne
rende conto.
Jessica non è veramente innamorata di Fabrizio ma vuole crederlo... ha
trovato uno scopo qualcosa che **la riempia**, in questo viene fuori anche
uno spirito romantico. Va **cercando situazioni di sofferenza**...
Mi ha inspirato una gran voglia di aiutarla... se fosse una mia vicina le
suonerei al campanello e le chiederei "**Cocca, hai bisogno di aiuto?** "

Maria   V.

Ne ho conosciute tante.

Questo personaggio mi è sembrato la fotocopia di tante mie
amiche/conoscenti di (...indica la città Ndr) Mi sono trovata male in quel
nuovo ambiente, infatti, perché erano per la maggioranza diverse da

me…mi domandavo come potessero vivere in quel modo, erano piene di interessi da quattro soldi…se si può dire interessi.

Io ho due figli ma non ho mai pensato che la mia vita si potesse ridurre solo a stare in casa o a spettegolare con le amiche (le amiche, poi, sono un'altra cosa…). Per forza, poi una si riduce a vivere guardandosi tutti gli uomini che incontra…è la **noia**…ma, ora, mi viene in mente un altro aspetto di questa storia che è, per certi aspetti, emblematica: probabilmente queste donne non sono capaci di altro, sono **vuote dentro**, i figli sono un **alibi per non coltivare altri interessi**, ma ce l'hanno poi questi interessi?….anche il sesso è noia, qualunquismo, la retorica della casalinga insoddisfatta.

Infatti ho apprezzato il libro che non si è fermato all'aspetto sessuale… Quello del sesso, voglio dire, sarebbe stato riduttivo e avrebbe distolto l'attenzione da un problema più importante: l'**indifferenza** e il vuoto della nostra società. Mi sbaglio?

Rossella B.

Inquietudine.

Nel leggere il libro ho provato un senso di inquietudine che aumentava con il progredire della storia: troppo reale, forse, per non destare un tale stato d'animo; successivamente e nel finale ho, come dire "tirato un sospiro di sollievo", ritrovando la possibilità di credere, sperare, quindi che possa esserci un epilogo rasserenante anche in certe storie.

Anna B.

Il gran vuoto

Jessica è completamente **presa da sé stessa**, anche il sesso viene praticato per **esibire il suo corpo**, la sua carnalità, all'inizio del libro questo fatto emerge con chiarezza e inquadra, secondo me, il personaggio.

Si sente sola, per forza, perché niente di ciò che ha intorno la tocca, la scalfisce. Del resto non potrebbe mai avere da chi ha intorno ciò che lei vorrebbe sempre e comunque:soddisfazione e gratificazione continua. Non si rende conto che niente può appagarla…le manca una vera amica che la aiuti a guardarsi dentro… ma la sua scelta di vita non può indirizzarla verso rapporti veri.

Io non credo sia malata, la vedo come un frutto di **una vita buttata**.

Io non so proprio se lei avrebbe o no portato a termine il rapporto con

Fabrizio…è solo la conquista che le interessa e,scontrandosi con una persona seria, non riesce nei suoi scopi, lo stalking nasce dalla sua rabbia, dalla rabbia che lei sposta sulla moglie di Fabrizio che vede come un ostacolo…non riesce a credere che lui l'abbia rifiutata o non l'abbia proprio considerata.

Una cosa che non so spiegarmi è il suo rapporto con il figlio…a pensarci bene probabilmente rappresenta un ostacolo, un impedimento, un qualcosa che la costringe a sembrare un altro tipo di persona, a vivere **due diverse identità**.Se chiudo gli occhi e penso a questo personaggio vedo sempre **il gran vuoto** che ha intorno.

Luigia I.

Stronza

Ah, ma 'sta Jessica è proprio stronza, stronza, stronza!!!

Caterina P.

Ha imparato a soffrire

D: Allora ci diamo del tu?

R: D'accordo! Come fai, scrivi sul pc?

D: Si, direttamente, poi unisco questo alle altre interviste…Allora…per prima cosa che ne pensi di questo personaggio?

R: (ride) A me sembra una mignotta…si può dire?

D: Perché no! E' un po' riduttivo…dopo che c'ho scritto una novantina di pagine sul narcisismo…

R: No, no, mi è piaciuto…

D: Scusa, aspetta…Tu dì quello che pensi! Sono io che non devo commentare…

R: Vedi Alessandro tu gli hai dato un taglio psicologico, il narcisismo, lo stalking…però…insomma, tra uomini…andiamo…tutte le peggio hanno una storia dietro! Un'attenuante, una scusa! Questa è una puttana rifiutata e, credimi, non c'è di peggio! Mi piace quando pensa, quando s'incazza perché capisce di non farcela!

D: Tu l'avresti fatta vincere?

R: No! No, non credo! L'avrei affossata con più cattiveria (ride)! **Siete stati troppo gentili.** Jessica si voleva divertire ed invece **ha imparato a soffrire**...le stà bene! Sfasciafamiglie...per essere una troia devi essere brava, non pensare solo a te stessa.

D: Mi inchino a cotanto pensare...(rido, anch'io)

R: E' troppo poco per il tuo libro?

D: Bello asciutto! E lo stalking?

R: Vuole bruciare la macchina? Pensa che non se la fila nemmeno il benzinaio! E' proprio 'na poretta! Potrebbe stare a casa buona, buona!

D: Il marito? Che dici?

R: Che c'ha un vagone di corna! No?

D: Va bene, quando scrivo il prossimo te lo farò sapere...

R: La fantascienza non ti piace?

Alberto J.

Stalking atipico

Le riflessioni su Jessica, la protagonista, sono davvero tante. Una donna che ha tutto dalla vita, marito, figlio, vive in un bel quartiere e ha una bella casa. Ma è una donna che non riesce a godere di questi privilegi (avrebbe preferito l'attico al terzo piano dove invece vive), vuole sempre di più, è profondamente insoddisfatta. Questa insoddisfazione si ripercuote, ovviamente, anche nella sfera sentimentale, tanto da portare Jessica a ricercare in altri uomini un appagamento che falsamente la soddisfa, a cogliere nel loro sguardo l'accettazione di se stessa.

Ma anche queste relazioni si bruciano rapidamente, perché nello sguardo non nota più il desiderio iniziale, sono momenti effimeri che non le lasciano, naturalmente, alcuna soddisfazione.

È una donna bella e questo da una parte è un fattore che le facilita questi atteggiamenti ambigui, ma è anche una donna insicura, impaurita da ciò che le è sconosciuto... si sente forte solo nel suo ambiente (quartiere) e solo con persone che conosce (i genitori dei compagni del figlio).

Da sottolineare subito che la presentazione che gli autori fanno di Jessica, nonostante sia un personaggio che si presterebbe a facili e veloci disapprovazioni, porta invece il lettore ad accostarsi a lei con delicatezza, a sforzarsi di capire questi suoi atteggiamenti, dovuti ad evidenti segnali di carenze affettive o di paure passate, mai superate.

E soprattutto questo emerge nel momento in cui Jessica si invaghisce di un uomo che nella sua mente la desidera, ma nella realtà non è così ed è a questo punto che scatta in lei la molla dello stalking. Ma anche in questo caso è uno **stalking atipico**, sembra un mettersi al centro dell'attenzione più per chiedere aiuto che per perseguitare.

Ed infatti il finale è positivo, ma non buonista però … Vuccino infatti, invece di abbandonarsi ad un finale fosco o cruento, cerca di dare una speranza: in questo mondo moderno dove tutti vanno di corsa c'è qualcuno disposto a tenderti una mano e soprattutto a vedere oltre le apparenze, a non fermarsi al primo giudizio ma a cercare di valutare una situazione da più angolazioni.

Elena Sbaraglia

Pubblicato da **LIBRANDOSI CON Magic Blue Ray**

Pesci in barile

Ma dai, mi vuoi dire che nelle interviste nessuno ti ha mai parlato di quello, quello lì "il fico con la cabrio? " Beh,io mi sarò anche identificata un po' troppo come dici tu però penso che lei arriva, sì, ad ammalarsi, a far esplodere la sua malattia ma, dietro, i due responsabili peggiori sono due maschi, stronzi o indifferenti: il marito, che deve per forza sapere che ha una moglie, diciamo così, particolare e quel bel tomo lì che la provoca…si legge che la provoca…o **volevate dire che è tutto frutto della fantasia di** Jessica….ma dai, è bella navigata con gli uomini, no, non se lo sogna…lui magari non ci voleva combinare niente,sì, poteva non sapere che era 'na scombinata, ma ci si diverte, dai, e lei va fuori di testa perché sta male…lo sai pure tu,Ombretta, quanto sono stronzi gli uomini quando una, pure se è una cozza, se li fila…tu dici che il suo **delirio** sta proprio nel fatto di voler vedere, **interpretare cose che non sono reali?** Bah, lo devo rileggere...secondo me, i due maschietti, come al solito, facevano "**il pesce in barile**". Come,non capisci...allora sei fortunata, non ti è mai capitato...già ma tu sei una fedele nei secoli...lo rileggo, e poi ti dirò se...

Amanda G.

Scema come una capra

Ho letto il libro tutto d'un fiato. Non riuscivo a immaginare la fine di Jessica, che avrei voluto veder **rovinata e sputtanata** davanti a tutti. Era troppo stupida...troppo tutto ciò che odio nelle donne di quel tipo... e poi...mi ricordava terribilmente una mia amica, **scema come una capra**, che si comporta esattamente così e ha la stessa situazione familiare...insomma tutto uguale. A dir il vero, mi ricorda anche un mio amico, che pur avendo avuto una moglie meravigliosa, adottato un figlio bellissimo, un lavoro di prestigio, ha rovinato tutto per andare dietro a tutte le donne che gli piacevano, giusto per il gusto della conquista. Eppure, leggendo la fine, così come gli autori l'hanno scritta, non mi è dispiaciuta.
Jessica, come tutte quelle e quelli come lei sono persone malate, da aiutare e rieducare, per non arrivare a commettere azioni lesive nei confronti loro e degli altri.

Nadia L.

La Cattiva signora non è così cattiva

Mi sembra opportuno riportare in sintesi, a conclusione della "carrellata"sulle interviste, le considerazioni emerse nel corso di un incontro di bibliolettura de "La cattiva signora". In quella giornata i partecipanti al corso di Dario Amadei e Elena Sbaraglia, hanno, in molti, focalizzato il proprio interesse sull'aggettivo "cattiva"...concludendo che lo stesso titolo del libro diveniva, così, interlocutorio o provocatorio: Jessi è cattiva perché una frettolosa indagine sul suo comportamento la

definerebbe tale, Jessi è cattiva perché la morale comune liquiderebbe il problema per non affrontarlo, Jessi è cattiva perché vittima di un trauma o perché il vivere comune ci induce a comportamenti orientati all'apparire e non all'essere...modestamente, non mi intrometto ma, "on my mind", la signora è, anche un po' cattiva...poi le motivazioni, il suo vissuto personale...beh, sarebbe ora che ci facesse un po' i conti. Sempre modestamente.
Ombretta D'Ulisse

Rielaborazione autorizzata di interviste fatte ai lettori de "La cattiva signora"

Indice

La cattiva signora…………………..pag. 5

Note sulla patologia narcisistica
e il cosiddetto stalking…………..pag. 83

Nota degli autori………………...pag. 86

Jessica on my mind……………..,pag.88

www.ingramcontent.com/pod-product-compliance
Lightning Source LLC
Chambersburg PA
CBHW031255280526
45784CB00004B/1859